心の内を語る聖書の女性たち

女性たちのモノローグ

ヘーゼル・マッカーディ・ネルソン［著］

ネルソン橋本桂子［訳］

教友社

Bible women come alive

原書まえがき

聖書に登場する女性たちが一人の人間として女として生きた生き様に光を当て、生きるためにさまざまな必要に迫られた彼女たちの生身の姿を見出し、彼女たちの喜び、悲しみ、疑い、願望、恐れ、複雑な心模様、感情を映し出すことを願っています。

信仰、希望、愛からくる物事を創造する力と間違った選択や決断からくる否定的な破壊する力とを対比するよう試みました。

他者の人生に大きな影響を与えた四〇人の女性たちによる劇形式のモノローグとして表現しました。

本書が聖書をより深く知るための意欲を高め、アメリカのユダヤキリスト教の文化を守り、次の世代へつなぐ責任感を育てるために役立つことを願っています。

ヘーゼル・マッカーディ・ネルソン

謝辞

Pacific School of Religion（バークレーにある太平洋神学校）の Dr. Georgia Harkness および Pacific Lutheran Theological Seminary（バークレーにある太平洋ルーテル神学校）の Dr. E Theodore Bachmann に、インスピレーションを与えてくださったことを心から感謝の意を表します。

霊的洞察力を持ち、優れたタイプの技術で労を惜しまず、心を込めて原稿をタイプしてくださった Ms. Minnie Nelson に深く感謝します。

目次

1　ロトの妻の教訓

ロトの妻のモノローグ

ロト、本当に行くと決めたのですか？　この家以外の所に住むなんて嫌です。アブラハムとあなたがそれぞれ別の道を行くと決めた時、こんなに水が豊かなヨルダンの平原を選んだことは賢い判断でした。雇っていた羊飼いたちが口喧嘩したお陰で、ソドムに定住することになって運が良かった。こんな贅沢を楽しめるなんてその時は想像もしませんでした。

この土地にはずっと帰ってこない積もりですか？　大体なんでこの土地を去らなければならないのか、まったく理解に苦しみます。この二人の旅人たちが何を知っているというのですか？　この男たちはソドムとゴモラの住民が人の道に外れた行為をしているという理由で滅ぼされるって言うのですか？　うちの娘婿たちはこんな馬鹿げた脅しには屈しないと言ってます。どんなに脅されても、うちの上の娘たちはしがみついてもこの地から決して離れないでしょう。

急かさないで！　心臓がドキドキし始めました。日が暮れるまでにできる限りソドムから離れたところに行くなんて言うけど、もうこれ以上速くは歩けません。

娘たち、泣くのは止めなさい！　お前たちの父親がこの町から避難しなくちゃいけないと言い張って譲らないのです。私はそんなことはありえないと思っているけど、どうしたらいいものか。ずっと道すがらメソメソされたら困ります。さあ、この荷物を運んでおくれ。お前たちもすでに、重すぎるほどの荷物を背負っているけど、できるだけのものを持って行かなくてはなりません。

何を持って行くか決めるのに迷いに迷いました。やれやれ、胸元にいくつかの宝石と貴重品を詰め込んでおいてよかった。お父さんが必需品の用意をしてくれていたので本当に助かりました。数日分の水と食料があるし、ソドムに帰れる時が来るまでの間、きっと誰かが助けにきてかくまってくれるでしょう。ここから町を見てごらん。まだ何事も起きていませんし、綺麗な町じゃないですか。いいえ、離れたくありません。ソドムでの暮らしがとても気に入っていましたし、娘たちにも贅沢な生活をさせたかった。

天幕に住んでいた日があったなんて忘れていました。娘たち、そんな日のこと覚えていないでしょう。ソドムへの途中初めて天幕を張った時のことを忘れられません。でもその時はソドムに定住できると思っていたので、ワクワクしていました。もう天幕生活をしなくていい、もうあちこち移動しなくていいんだと思いました。あなたたちはまだほんの幼子だったけど、今ではもうお嫁に行く年頃になりました。お姉ちゃんたちはすぐに金持ちのお婿さんに恵まれたので、あなたたちにも同じように幸せになって欲しかった。


ロト、ちょっと待ってください、娘たちと話したい、長旅のせめてもの励みになるから。ご覧なさい！　町がまだ遠くに見えます。お父さんがこのペースで進むなら、もうすぐ見えなくなるけど。

ロト、ほら振り返って見てください。あの町を離れるなんて耐えられません。あなたたち男は都会生活が嫌になって、砂漠で冒険をしたいだけじゃないのと思ったりします。私にはありえません。私たち女は、贅沢と快適が好きなんです。ソドムに留まって、あなたが帰って来るのを待っていればよかった。きっと帰って来るでしょうし、それに町が滅ぼされるなんてことを信じるなんて、愚かにもほどがあります。近くに敵がいるわけじゃないし、誰が滅ぼすって言うのですか？　神様の警告だって？　馬鹿馬鹿しい。ロト、何を恐れているのですか！

娘たち、別に何も変な匂いはしない。硫黄のような匂いがするって？　私には匂わない。——確かほんのちょっとだけ妙な匂いがします。たぶん砂漠で天幕生活をしている人たちが近くにいるのでしょう。

空を見上げてごらん。黄色の薄い煙のようなものが見えます。でもソドムはまだ見えてます。ロト、もうこれ以上速く歩けません。美しいものが一杯あって、あんなに幸せだった町を振り返る時間さえ惜しむのですか？

えっ、これは何？　ロトと娘たちから遅れてしまった。待って、どういうこと？　娘たち、マントで体を覆い、頭も守りなさい。砂嵐？　いや、灰？　神様、助けて！　天から降っているのは何？　確かに硫黄の匂い。この塊は何？　口の中が塩っぱい。助けて、お願い。息ができない！　なんでソドムの我が家から出てこんなところまでやって来たのか？　ごらん、町が火の海になっている。娘たち、どこにいるのですか？　煙がもうそこまでています。助けて、もう何も見えない。皆どこ？　助けて！

聖書箇所：創世記19・1～26、ルカ福音書17・32

2 ある国家の起源

ハガルのモノローグ

イシュマエルよ、ほら、この残りの水を飲んでしまいなさい。お前の父親、アブラハムのおかげで、腹を空かせず、喉の渇きに困ることもなく今日の一日を無事終えることができました。もうすぐ日が暮れて、涼しくなってくるから、茂みの中に入って、休むといい。私は考えたいことがあるからここに座っていたい。

あら、私としたことが！　もう皮袋の水が一滴もありません。こんな荒野で私たちにどんな希望があるのでしょうか？　私たちはこんな所で死んでしまうのか。ああ神様、助けて、この子が死ぬところなんて見たくありません！

イシュマエルよ、かわいそうな子、泣かないでおくれ！　私と同じくらいの背丈があるけど、まだまだ子供です。さあ、お母さんの隣に来て、座りなさい。私たちには神様が付いています。

イシュマエル、今回はお前も私もあそこへは戻れないのです。あの時はサラが私に辛く当たって大変だったけど、戻る決意をしました。お前がもうすぐ産まれるから、無事に出産するために戻るしかなかったのです。こんな荒野で生まれたての赤ちゃんが生き延びることはできないとわかっていたから。

今回は、お前がほとんど一人前の男になっているし、なんとかやっていけると思いました。どこか近くに水があるから、探しに行きましょう。砂漠でうまく生きている人だっているのです。お前は弓で獲物を獲る立派な猟師になるでしょう。食べ物や飲み水にもありつけるに決まっています。

イシュマエル、お前も私ももう帰る所はないのです。あの年老いた女が私をずっと妬んでいます。あの女に男の赤ちゃんが授かったから、今度はお前にまで嫉妬しています。どうやって、あの歳で子供ができたんでしょう！　それは神様にしかわかりません。私にわかるはずがありません。まあ不思議なことに、彼らの子供イサクが生まれて、あの女にとって目に入れても痛くないほど可愛いですって！　彼らが言うには契約の子供だという。それがどういう意味なのか知るものですか！　私にはさっぱりわかりません。

未練を断ち切って、私たち自身の契約を結び、人生を切り開きましょう。お前にはたくさんの息子、娘が授かるでしょう。そしてイサクの部族をしのぐほどになるに決まっています。お前の方が年上だから、イサクより先に大家族になるに違いありません。イサクはお前と比べて繊細だけど、お前は強い、我が息子よ。

私たちの先に何が待ち受けているか誰が知り得ましょう。今まで数々の修羅場をくぐり抜けて来ました。私がエジプトでどんな暮らしをしていたかお前に教えたね。元々サラの女奴隷として雇われたけど、私にはいい血が流れています。私にアブラハムの側女として仕えるように命令をしたのはサラ自身です。サラほどあの男を好きだったわけではありません。こんな風にあの人のことを言うのはよくない。お前の父親で、そして私にもお前にもよくしてくれたから。

お前が産まれると知った時にはどんなに得意な気持ちになったことか。きっと男の子だと期待していました。サラに勝ったと誇らしく思いました。あの女は嫉妬に燃えました。皆が言っていたけど、あの女は若い時は美人だったそうです。あの羨ましげな目つきで私を見るとき、美しさのかけらもありませんでした。まあ、確かに綺麗な目をしていると思ったことはあります。お前の父親のアブラハムはあの女に惚れ込んでいて、彼女を喜ばすためならなんでもするほどでした。自分の息子であるお前をこんな砂漠に追いやるくらいに。でもイシュマエル、その父親はお前のことも大切に思っています。イサクと同じように多くの子孫に恵まれて欲しいと思っています。空にある星の数ほどの子孫を持つというそんな大きな夢を持っている人です。

しっかりしなさい、イシュマエル！　背の高い息子よ、私もお前もくじけてはいけない！　夕暮れの薄明かりの中でお前が見えます……やっと笑顔を取り戻しましたね。お前の部族はイサクを凌ぎます。私たちは同じ神様を礼拝し、神様は私たちを見守ってくれています。アブラハムの神への信仰をあの老夫婦から学ぶました。エジプトで祀っていた神々は私にとって何の意味もありません。太陽の熱は十分すぎるほど暑かったし、太陽や他のエジプトの神々を拝むなんて気持ちはさらさらありませんでした。私は暑がりで、いつも太陽の熱から逃げていました。むしろ目に見えない神様を礼拝したいと思っていました。誰が太陽をじっと見続けることができましょうか。砂漠で生き残るためには闘うしかありません。まず井戸を見つけ、そして涼しいオアシスを探さなければ。

そうです、イシュマエル、砂漠へと足を進め、征服してみせようじゃないですか。お前は偉大な王になります。勇気があり、強くて、自由なお前の血を受け継ぐ新しい部族が起ち上がります。お前と私が勇気を持って生き延びるなら、偉大な国家が起こされます。

さあイシュマエル、明日の朝までゆっくり休みましょう。朝日が昇る前には、砂漠での新しい人生へと踏み出すのです。冒険、変化は私たちの運命です。きっと牛や羊の群れを飼い、毎夜水飲み場でご馳走を食べる未来が待っています。私たちは砂漠に追放されたことを忘れず、今後いつでも、旅人をもてなし、食べ物と寝る場所を与えましょう。イシュマエル、お前には偉大な運命が待ち受けています。今は寝て、その素晴らしい未来の夢を見ようではありませんか。

聖書箇所：創世記16・17、21・1〜21

3

牡山羊の像（訳注1）

サラのモノローグ

そうじゃありません、女中たち、今日は天幕の中で横にならせてください。外に行きたい気分だけど、この老いた身体がぐったりと疲れています。でもまだ頭がしっかりしていることを神様に感謝します。来る日も来る日もベッドで横になっていると、大切な思い出が私を幸せな気持ちに浸らせてくれます。

イサクが帰ってきたら、天幕の中へ連れてきてください。私のベッドのそばに座らせ、語り合いたいのです。アブラハムは今夜遅くまで帰りませんから。確かチーズ、牛乳、パン菓子があるし、柔らかくておいしい子牛肉もイサクのために用意してください。

私の天幕によく来てくれました、大事な大事な私の息子。水を持って来させ、足を洗って、少し休むといいでしょう。

母はもう先が短い。私の人生はお前の父上が大事に世話してくれて、優しくてよく気がつくお前のおかげで豊かに祝福されました。しかし、時は過ぎ、お前は父上の民からお嫁さんを見つける時が来ています。四〇歳が近いのに、まだ子供の一人もいません。これではいけません。お前は契約の子供、いと高き神に従う者。お前が子孫を得ることは神のみこころのはずです。お前の子孫は空の星の数ほどになると約束されているのです。

イシュマエルにはもう子供がいるに違いありません、なのにお前はまだです。主はお前のために若い娘を準備しているに決まっています。その娘を探し出さなければ！


イサク、いつも私たちの側にいてくれて、親孝行な息子。私たちは年老いてきて、特に私は弱っています。父上はまだ丈夫だけど、私は外に出る元気もありません。

ここでもう一度心に刻んでほしい――。お前が受け継ぐ先祖伝来の深い意味を。信じられないかもしれないけど、私たちは若い頃、ほかの神々を礼拝するように教えられていました。しかし、お前の父上は唯一の神に示され、その神様に従い、信頼し、カナンへと導かれました。これからの子孫はお前の父上が信じた神のことを知らなければなりません。

お前の子孫がアブラハムとイサクの神と言い表すことを祈りに覚えます。

イサク、聴いておくれ。お前の役割は私たちが一生の間あちこちと放浪したようなものにはなりません。お前はここカナンで証人となるために用いられるのです。

私たちは何度身の回りの物をまとめ、旅に出たことでしょうか。カルデアのウルからハランへ、お祖父様のテラはそこで亡くなられました。ハランを出発した時、お前の父上は七五歳でした。シェケム、ベテルの東の山中や、ネゲブなどいろいろな場所で天幕を張りました。飢饉でエジプトに降り、また戻ってきたりもしました。お前の父上は行く先々で、主のために祭壇を建て、礼拝しました。

あるお方のことを忘れないでほしい、その方はメルケゼク、サレムの王、いと高き神の祭司。そのお方はワインとパンを私たちに贈ってくれました。その祝福を決して忘れません。

天地の造り主、いと高き神に
アブラムは祝福されますように。

敵をあなたの手に渡された
いと高き神がたたえられますように。（創世記14・19〜20）

このお方のことをお前の子供たちに伝えなさい。そうすれば、次の世代へと伝わっていきます。

もう一つだけ話しておきたいことがあります。この話題は避けてきました、というのは理解することがとても難しいから。でも、最近そのことが頭から離れません、もう一度説明を試みるべきと思います。お前の父上が、神の命でモリヤの地へ犠牲を捧げるために幼いお前を連れて行った時のことを。

その朝、お前の父上が馬の鞍に乗り込み、若い従者二人と幼いお前を連れて行きました。その時は私には何が起きているのか、見当もつきませんでした。その出来事は私の理解を超えるものでした。お前の父上は愛する息子のお前を犠牲として捧げる覚悟でしたが、一方で父上の信仰はとても強く、神様が必ず犠牲を備えてくださると信じていました。

この出来事は、父上とお前に深い苦悩を与えました。お前はしばらくの間、父上に寄りつきませんでした。私には説明がつきませんでした。神がお前の父上の信仰と従順を通して真理を啓示したことを、私はこの歳になってやっと理解できるようになりました。神ははっきりと疑う余地がないやり方で、人間の犠牲を要求しないことをお示しになりました。神様のことを誤解してはなりません。お前とお前の子孫はカナン人にそのことの証しをしなければなりません。

神は従順を求めておられます。神はすべてを喜んで捧げることを求めておられますが、私たち自身を生きた供え物として差し出すことが本当の意味です。そのようなものが聖なる、受け入れてもらえる贈り物なのです。

ウルでまだ私が若かった時、決して忘れ得ない彫刻を目にしました。それは金色で美しい形をしたラピスラズリでした。今でも目を閉じると、その輝きが眼に浮かびます。それは牡山羊の像。木の部分は貝殻で覆われ、羊の毛を表しています。たてがみ、髭、角は深い紺碧色で、頭と脚は輝く金色。モリヤの地でのあの日の象徴のようです。この像は神が常に備えてくださることの暗示として覚えておきましょう。

イサク、これらのことをとくと考え、神との契約の意味全体を悟りなさい。そしてお前の子供たちへ伝えなさい。
私がこの世を去った後、天幕はこのままに残してください。お前の花嫁をこの天幕に迎えるために遺したいと願います。

聖書箇所：創世記22・1～19、24・67

（訳注1）牡山羊の像　Ram in the Thicket
牡山羊の像は、一九二八年から一九二九年にかけて考古学者レオナード・ウーリーが指揮をとり、発見した。ウーリーはその像に「Ram in a Thicket（直訳：茂みの雄羊）」と名づけた。これは、神がアブラハムに息子イサクを生け贄に捧げるよう命じる、『創世記』の「イサクの燔祭」に由来するものである。『創世記』22章13節には以下のように記されている。
——この時アブラハムが目をあげて見ると、うしろに、角をやぶに掛けている一頭の雄羊がいた。アブラハムは行ってその雄羊を捕らえ、それをその子のかわりに燔祭としてささげた。

4 リベカの別れの言葉

リベカのモノローグ

　さようなら、ヤコブ。行きなさい。私は苦しくて胸がキリキリと痛い。エサウがお前に何かしでかすと考えるだけで胸が張り裂けそうになります。いつの日か神様の目的は何らかの形で成し遂げられます。兄のラバンはお前のことを歓迎してくれます。この小さな包みを上着の小袋に入れておきなさい。大事なものだから、決して失くさないように。お前の未来の花嫁にあげてください。

　出発する前に話しておきたいことがあります。きっとお前はナホルの井戸から――お前の曽祖父のアブラハムの家来が私を見つけたあの同じ井戸から――水を汲むことになるでしょう。

　あの日のことが目に浮かびます。不思議な老人と喉の渇いた一〇頭のラクダの光景がまざまざと瞼に浮かびます。熱い砂漠の土を何日も旅した後の水は祝福そのものです！

水差しを一杯にして肩に乗せていた私に、喉の渇いた旅人が水を求めました。その旅人とラクダに水をあげた時、その出来事が私をどんな出会いへと導くのか想像もできませんでした。過去にも多くの人たちに水をあげましたが、感謝の気持ち以上のことに発展することはありませんでした。

その旅人が私に指輪や腕輪を差し出した時、今まで感じたことのない興奮に包まれました。そのような贈り物をしてもらうとどんな娘でも喜ぶに違いありません。二〇歳前の私がどんなにワクワクしたことか。お前のお嫁さんになる人が現れるまで、その宝物を大切に守って欲しいのです。私がその日の宿と食料、ラクダの餌を申し出て、その旅人が快く受けてくれた時、私はより一層はしゃぎました。

その旅人があなたの御祖父アブラハムの家来で、お前の父上のイサクのお嫁さん探しの旅と知った時、私はすぐさまそれは私だと直感しました。その場で行く決心をしました。その旅人が次の日に出発することになっていると聞いた時もまったく迷いがありませんでした。母と兄はせめて一〇日間は待つべきと言いましたが、私は一刻も早く行きたくて仕方ありませんでした。

お前たちの目には、私はいつも年老いた母親だったでしょう。二〇年もの間子供ができなくて、やっと、お前とお前の兄さんを授かりました。お前たち二人がどうやって同時に生まれたのか、そして正反対な性質をもつ兄弟なのか不思議に思います。

今日、私が伝えようとしていることをすべて胸に刻んで欲しい。兄のラバンの所への旅の途中、夜寝る前にこの日私が話したことをしっかりと考えてください。お前の祖父のアブラハムと父親のイサクが交わした神様との契約を忘れないように。お前は長子の権利と祝福の意味すべてと向き合う必要があります。

私はお前の父上を愛しています。初めて会った時から、好きでした。最初の夜、私を彼の母親の天幕に連れて行き、私を妻として迎えたその時からずっと愛しています。

エサウのことも愛しています、でもあの子のことをあまり理解できません。お前はいつも私の近くにいたので性格をよく知っていますが、あの子はとてもたくましく、衝動的で冒険心が強い子でした。

息子よ、私は目の不自由なお前の父上を欺いてしまいました。そのことを恥ずべき行為と思っていますし、すでに報いを受けてきました。今後もどんな罰を受けることになるかわかりません。

エサウがつまらない物のために長子の権利をお前に売った時から、ずっと苦しんできました。長子の権利は祝福なしでは成り立ちません。夜な夜なその欺きの企てに没頭し、どうやって実現しようかと眠れない日々を過ごしました。しかし、今になって、自分自身に問いかけています。お前に欺きの手引きをするのは果たして私の役割だったのでしょうか。神ご自身が御心を実行する日をなぜ待てなかったのでしょうか。神は実現できるお方なのに。

どうか私にその罰が下りますように。やったのはこの私なのですから。お前の父上は私をもう信じてくれないでしょう。エサウは私を嫌っています。彼が狩から戻ってくると、鹿肉の匂いで気分が悪くなります。私はエサウの毛深い手を罪悪感なしでは見ることができません。なんという苦しみ、悲しさ！　葡萄酒の搾り桶で踏みつけられているような気がします。

さあ、お前はこの母の悪事から解放され、自由になりなさい。私には慰めてくれる人もなく、寂しい。
ヤコブ、さあ行きなさい、私はもう限界に来ています。我らの父、神よ、どうか私を助けてください。私は二度と息子に会えないでしょう。

聖書箇所：創世記22～28章、49・31、ローマの信徒への手紙9・6～13

5 レアの嘆き

レアのモノローグ

かわいそうなヤコブ！　なんと気の毒なこと。代われるものなら代わってあげたい。あなたの愛したラケルは逝ってしまった。この生まれてきた息子をどんなに待ち望んでいたことか。赤ちゃんは無事に生まれたけど、ラケルはお産で命を落としてしまった。このような結果を受け止められないでしょう。あなたはこの末っ子のベンジャミンを入れると一二人の息子に恵まれましたが、お気に入りのヨセフほどの存在ではありません。あなたと美しいラケルとは永い間子供ができませんでした。このヨセフは待ちに待って授かった最初の息子です！

その通り、ラケルは美人で、亡くなった後でさえも、茶色の瞳を閉じている姿はまだ美しい。ああ、悲しいかな！　彼女の亡骸はじきに埋葬することに……あなたはとうとうラケルを手放さなければなりません。

あなたがラケルとヨセフをどんなに守ってきたことか……。長年の仲たがいの後、ほらお兄様のエサウと再会したあの時、あなたはキャラバンの後部にラケルとヨセフを座らせました。エサウが二人に害を与えるのではないかと恐れていたからです。その時、私と息子たちは二の次でした。あなたは側女たちとその子供たちをキャラバンの一番前に座らせました。そこはエサウが最初に目につくところなのに。ヤコブ、あなたはいつもラケルを特別扱いしていました。私はいつも嫉妬で苦々しい思いでした。ヤコブ、いつになったら私にあなたの母上の形見の宝石をくれるのですか？

私はずっとこの自分の妹を妬んでいました。いいえ、いつもというわけではありませんでした。父のラバンは私を可愛がってくれました。それは私の目の障害を憐れんでいたからでしょうか？

ラケルが生まれた時のことをよく覚えています。その時、妹の誕生をとても喜んだし、その妹を自慢しました。でも大きくなるにつれ、その愛は憎しみへと変わってしまいました。妹がキラキラした茶色の瞳を持つ美人へと成長した時、彼女はすべての人たちを魅了しました。でも父だけは別でした。

私は知っていました。男たちはラケルを選ぶだろうと。私は姉ですが、結婚もできず、誰にも選ばれず一人寂しく生きていくだろうと。

あなたを騙してまで私を救おうとした父がどんな手を使ってきたか、すべて知っているでしょう。私はあの欺き行為に吐き気がしましたが、私の自尊心が傷ついたことは誰にも言いませんでした。次の朝ラケルではなく私を抱いたと気づいた時のあなたのあのゾッとした表情を見たとき、私は屈辱で震えました。

殺されると覚悟しましたが、憐れみの一瞥を私に投げかけ、私の父を探しに出て行きました。

あなたは愛しいラケルのために七年間も待ちました。でも時には私への情が湧いてきたようにも思われました。私はあなたから六人の美しい息子たちと一人娘ディナを授かりました。私の息子たちはヨセフのことを妬んでいます。そのことで私は罪悪感を感じています、というのは私の嫉妬がどれほど息子たちに影響したか痛いほどわかるのです。

ヤコブ、私の愛しい人よ。あなたの悲しみをどうやって和らげたらいいのか、代われるものなら代わりたいほどにあなたのことを愛しています。このことを知っておいて欲しい。どうか私に背を向けないで、ヤコブ！

聖書箇所：創世記29〜36章、46・15、48・7、ルツ記4・11、サムエル記上10・2

6 魂の探求

ミリアムのモノローグ

私はミリアム、女衆を率いているリーダーです。私が重い皮膚病患者？　いいえ、まさか。汚れているって？　宿営から追い出されたって？　私が皮膚病を患っているので、洗い清められるまで行進の出発を遅らせるというのですか？　なんという屈辱！　宿営の至る所から聞こえてくる声！「ミリアムは皮膚病！　ミリアムは汚れている！」。

身も心もズタズタです！　女衆のリーダーだったこの私がなぜ？　女預言者ミリアム、あの葦の海を渡った時、神の偉大なみわざを賛美しながら、歌ったり、踊ったりしたあのミリアム！

神よ、私が何をしたというのですか！　なぜこんな目に遭わせるのですか？　この醜い手は見るに堪えません。雪のように白くなった手！　弟モーセに励ましと慰めをもたらすエチオピア人妻の漆黒の肌さえも随分ましに見えてしまう！

弟があの女と結婚するのは反対でした。我慢できませんでした。彼女が異国人で肌の色が違ったから？　それとも弟があの女を愛していたことに嫉妬を感じたから？　ああ、神様、私にはわかりません。

ずっと敬愛してきた弟を敵対し、弟アロンにも背を向けました。私が不平をこぼしたせいで、女たちを謀反へと焚き付けてしまいました。私の怒りは間違っていたでしょうか？なぜ私はあのように批判的になったのでしょうか？　荒野を横切る旅にはモーセの指導力こそが頼りでしたのに。

ああ、神よ、私がこんなに悩むことをお許しになられたのは私自身と神をもっと深く知るためだったのです。

この数年間私に何があったのでしょう？　私が歳を重ね、変わったのでしょうか？　周りの女たちが私にアドバイスを求めたり、神のみ言葉を訊いてきたりしていたので、いつの間にか傲慢になったのでしょうか。

私は主を求めます。本当の自分を知ることができるように、神が私を見るように私自身を見ることができるように助けてください。

私は苦々しく、腹が立っていました。今まで神に従っていると思い込んでいました。女たちを教え、みな私のアドバイスに耳を傾けました。なのに私は女衆の前で不平をこぼしました。「主はモーセだけを通して語られるのでしょうか？　私やアロンにもお語りになるのではないでしょうか？」。おそらく神は傲慢な者を通してお語りにならないでしょう。傲慢？　いいえ、私は卑劣です。この忌まわしい病で恥ずかしめられ、恥さらしです。肌がこんなに白くなり、まるで漂白された骨、不自然で汚れています。このような不気味な身体が悍《おぞ》ましい。

もはや身体も魂も恥でしかありません。ああ神よ、私の傲慢な心を折られたのですね。私は自分自身を、自分の民族性を、肌の色でさえ自慢していました。クシュ人の黒い肌より綺麗と誇っていました。神は黒人と白人ではなく私たちを姉妹としてお創りになったのに、私はまるで敵のように彼女を扱っていました。

モーセは親切で寛大な人、こんな私のために、癒されるよう、祈ってくれています。私の魂が癒されなければなりません。私はモーセの妻への愛だけでなく、彼が神の代弁者として立てられたことに嫉妬していたのです。ああ、アブラハム、イサク、ヤコブの神よ、どうぞ私を救い出してください。癒してください。あなたの御心のままに私を用いてください。

聖書箇所：出エジプト記15・21、民数記12・1〜16、20・1、26・59

7 姉妹たち

ツェロフハドの娘たちのモノローグ

さあ、サンダルの土を払い落とす間、座って、一服しましょう。喉が渇きました。水袋にまだ水が残っていればいいけど。

姉妹たち、父が荒野で亡くなってから初めて幸せな気持ちになりました。何日も話し合った後、ついに実行する勇気が与えられたことが嬉しい。私たちは勝ち取ったのです！ティルツァ、私たち皆の代弁者として、よくやってくれました。自分たちだけでなく、イスラエルの女たちに、そしてどの時代の女たちにとっても大きな成果です。

私たち五人が民の前に進み出て、語り始めた時のモーセや民衆のあの驚いた表情をどう思いました？　男衆より、女衆の方が私たちの大胆さにショックを受けたようでした。

あなたが大きな声で話し始めた時、私は怖じ気づきました。「男の子がないからといって、どうして父の名がその氏族の中から削れてよいのでしょう。父の兄弟たちと同じように、わたしたちにも所有地をください」（民数記27・4）。

私たちが正しかった。なぜ父の名前が抹消され、その娘たちが何も受け継ぐことができないのでしょうか？　父は彼の持分をもらう権利がありました。モーセに反抗したこともないし、相続が無効になるようなことは一切していませんでした。ではなぜ、私たちから父の遺産が取り上げられるのでしょうか？　ただ私たちが女だという理由だけで？

ティルツァが話している最中、男たちが肩をすくめたり、首を振ったりしていたのに気づきましたか？　誰も賛成する様子ではなかった。決断する前に、モーセがその場を去り、主のみ言葉を求めに行った時はありがたいと思いました。

モーセが民衆の前に戻ってきて、ツェロフハドの娘たちは正しいと宣言した時、嬉しくて飛び上がりそうになり、皆を一人ひとり抱きしめたいほどでした。妹のマフラは黙って、神妙な面持ちで厳粛さを保とうとし、あなたたちも固い表情でした。

モーセがすべての一二部族のために新しい律法を書き記しました。私たちはすごいことをやってのけたのです！　モーセが太い声で語り始めた時の男衆の表情は見ものでした。「ある人が死に、男の子がないならば、その嗣業の土地を娘に渡しなさい……主がモーセに命じられたとおり、イスラエルの人々はこれを法の定めとしなさい」（民数記27・8〜11）。

女たちは過去には考えられなかったような権利を得ました。でもそれは闘って勝ち取ったものです。私たちが一人ではなく五人だったことが有利に働きました。女一人の声なら封じられたかもしれしれません。

私たちが約束の地に入る時、父からの持分が私たちの所有に、私たちの息子に、私たちの娘の所有になるのです。私たちはいずれ結婚し、夫を持つでしょう。族長ヨブの古い物語をよく聞かされたものです。ヨブが彼の息子だけでなく、娘たちにも彼の持分を分け与えたくだりは聞いておいてよかった。幼い頃、ティルツァがヨブ物語を読み聞かせてくれる時間が大好きでした。娘への分前のあたりになるまでに眠くなったけど、三人の子供たちの名前エミマ、ケツィア、ケレン・プクと発音するリズムがお気に入りでした。あれはヨブの不思議な取り決めでしたが、私たちに行動を起こす勇気をくれました。今後はこの判断が土地の規定となり、権利が確立されたから、もはや珍しいことではなくなります。

さあ、前進する時です。他の部族の中には、かなり先を進んでいる者たちもいます。カナンの地への到着が待ちきれません。新しい地での結婚、家庭、新しい人生が待ち遠しい。さあノア、ホグラ！　ミルカ、ティルツァを囲んで踊りましょう、神に賛美の歌を！　ミリアムの歌を歌いましょう、きっと他の者たちも賛美に加わるでしょう。

「主に向かって歌え。主は大いなる威光を現し、馬と乗り手を海に投げ込まれた」（出エジプト記15・21）。

そうです、私たちは主の助けを得て、葦の海を渡りました。これからヨルダン川を渡り、約束の地へ導かれるのです。

聖書箇所：民数記26・33、27・1〜11、36・6〜12、ヨシュア記17・3、ヨブ記42・14〜15

8　ラハブの真っ赤なひも

ラハブのモノローグ

さあ、出てきて新鮮な空気をお吸いなさい。あなたがたが隠れることができる亜麻の束があるなんて本当に運がいい。王はスパイがこの土地を探っていると聞いて、家来たちにそのあたりをくまなく探しまわらせています。神様に感謝です！　家来たちは町のゲートの方へ行ってしまいました。彼らは何がなんでもあなたがたを見つけ出そうと町の外の丘の方まで探しに行きました。夜が更けるまでこの屋上に隠れていなさい。町のゲートはもう閉まっています。この亜麻の紐であなたがたを塀の上から降ろしてあげましょう。しっかりと織っているから、お二人の体重を持ち堪えるには十分です。

さあこのイチジクを召し上がれ、喉も渇いたでしょう。自分の部族からあなたたちを助け出すためになぜ嘘までついたか不思議に思っているでしょう。実はエリコの人々は恐れ慄いています。イスラエルの民族について、あなたがたの神についてここ数年間いろいろ耳にしてきました。エジプトから脱出した時、あなたがたの神が目の前にある葦の海を干上がらしたことなどを聞きました。そしてヨルダン川の向こうで二人の王に何が起きたかも聞きました。


早く亜麻の束の背後へ。下の方から声がします。

「どなたですか？　ええ、スパイのことは知っています。王の家来たちが今朝ここにきましたから。私は仕事に追われていましたので……」。

家来たちは去って行きました。あなたがたは私と家族を助けなくてはなりません。主はすでにこの土地をあなたがたに与えたと私は信じています。我々はあなたがたと力強い神の前でなす術もなく無力な民であるからです。あなたの主である神は天地万物の神。バアルの神々なんてまったく信じません。

私はあなたがたに誠意を示したのですから、あなたがたも私の一族に誠意を示すと、主の前で誓いを立て、そして確かな証拠を示してください。父、母、兄弟姉妹の命を助けてください。私たちの命を死から救ってください。

私はあなたがたが約束を守ると信じています。私に神の民となりイスラエルの民に加わるようにと神からのお告げがありました。あなたがたと共に行き、主を礼拝し、これからの人生をかけてイスラエルの民にお仕えします。

聖書箇所：ヨシュア記2・1〜24、6・17〜25、ヘブライ人への手紙11・31、マタイ福音書1・5、ヤコブの手紙2・25

9
決断

ナオミのモノローグ

愛する娘、ルツよ、モアブから私と共に来てくれたことを心からありがたく思います。ベツレヘムでこんなに幸せな人生を味わうことができるなんて！　マフロンがモアブで亡くなった時、私たちは途方に暮れました。すべてを失った人生に嘆いているあなたをみて私の心には夢も希望もありませんでした。でも私たちは今ここに共にいて、あなたの息子が私の腕の中にいます。イスラエルの神になんと感謝したらいいのでしょう。

モアブでのあの悲しい日々、私たちは打ちひしがれていたけれど、その後素晴らしいことが起き始めました。あなたとオプラは夫に先立たれ、子供もなく、若い未亡人となりました。モアブで一〇年の月日が流れていました。夫も息子も奪われ、お先真っ暗でした。しかし、私は自分自身のことをマラ（苦いという意味）と呼び、ひねくれて、反抗的でした。

主は私に生まれ故郷に戻る勇気と確信をくださいました。この愛すべきベツレヘム、見慣れた田園風景、肥沃な麦や大麦の畑。きっとまだ昔友達もいるだろうし、落穂拾いをしてなんとか生活もできると思いました。あなたにとって小麦畑はその金色に光る美しさと食料としての栄養以上の価値があるでしょう。それはあなたの夫ボアズ、あなたの新しい家族、幼子オベド。あの時オルパと一緒に行かなかったからこそ今がある。なんという喜び。主は私たちを導き祝福してくださいました！

ルツよ、最初からあなたには私と一緒に来て欲しいと思っていました。でも私はオルパとあなたに私を置いて自分の故郷に帰るように説き伏せました。ただ愛するあなたたちに将来、家庭、夫、息子に恵まれて欲しい気持ちで一杯でした。土地を買い戻して、あなたを嫁にもらうかもしれない親戚がいたことも知っていたけど、それは確かなものではありませんでした。村の衆がモアブから来た見も知らぬ二人の若い娘を受け入れてくれるかどうか心配でした。あなたもここで結婚相手を見つけるとは夢にも思わなかったでしょう。言わなかったのですが、私の親戚で、裕福なボアズがあなたに求婚してくれたらと陰ながら願い祈っていました。この願いが叶えられるよう熱心に祈りました！　ボアズの畑で落穂拾いをして、なんとか彼の目に留まって、あなたに興味を持って欲しいと思いました。あなたにいろいろ指示を出した時、ボアズをあなたの婿にと願っていました。私はただ村の古くから伝わる風習に従いました。村人たちはずっとその習わしを守ってきたのです。あなたと私の人生に神のご計画があり、成し遂げられました。あなたはあなた自身を神の御心に捧げ、こうやって私たちは導かれました。

愛するオベド、あなたを抱いていると私の心が癒されます。主はこの幼子にもご計画があります。今はそれが何かわかりませんが。

私の話を聞いてください！　老婆の戯言と許しておくれ、ルツ。私は、きっとウチの子孫からイスラエルの王が起こされると夢見ています。もしかするとここベツレヘムで誕生するかもしれません。私たちはユダ族だから、選ばれる可能性があります。ルツ、あなたの息子はこの部族の出身です。オベドを大切に育て、主の恵みの中で養い教え、この子を主のみ手に委ねましょう。

聖書箇所：ルツ記

10 ハンナの息子、主の招きに応答する

ハンナのモノローグ

サムエルよ、今日はお前のおかげでとても幸せな日です。主の招きとお前の応答についてずっと考えていました。お前は主への奉仕に自分自身を捧げました。お前の生い立ちをきちんと教えておく時が来ました。なぜ私がお前をシロへ連れて来たか、まだ幼いお前をエリの元に預けたかを。

毎年、お前の父上、兄弟姉妹たちと生け贄を捧げるためにこの地に上ってきていました。時折お前が私たちと一緒に家に帰りたい気持ちを察することがありました。サムエル、私がいかにお前に帰って欲しいと心の底では思っていたか気づかなかったでしょう。その理由について今まで言いませんでしたが、お前も大人になってきているので、伝えたいと思います。どんなにお前を愛おしく思っているか知っておいて欲しい。でも私の人生の最優

先は主であり、私は誓いをやり遂げなければなりません。

お前の父上の妻となってかなりの歳月が経った後、ついに、神が私にお前を授けてくれました。息子を授かりたいと心から願っていました。このような女の気持ちはお前には理解できないでしょう。男にはわからないことです。お前の父上だって、理解できませんでした。


あの頃のことを思い出します。失望ばかりの日々が過ぎて、とうとう私は食べ物さえ喉に通らなくなりました。特にペニナが自分の子供たちを私の前で見せつける時には、もうこれ以上待てない、耐えられないという心境でした。

私が悲しんで、泣いている姿をよく見かけたお前の父上はもうこれ以上黙って見てられない様子でした。

ある日のこと、「ハンナよ、なぜ泣くのか。なぜ食べないのか。なぜふさぎ込んでいるのか。このわたしは、あなたにとって十人の息子にもまさるではないか」（サムエル記上1・8）と。

サムエル、お前の父上のことを心から愛しています。女の人生において夫という存在はまったく違う位置を占めています。子を産まない妻は心身ともに苦しい立場なのです。お前の父上がかけてくれる言葉にさえ、くよくよと嘆きました。ある年、神の家（神殿）にお参りした時、祈りの中で、私の心の内を吐きだしました。言葉にならない祈りでした。エリは私の口の動きを見て、私が酔っていると勘違いしたほどでした。

私はエリにどんなに苦しんでいるかを打ち明けました。そうすると彼は主が私の願いを聞き届けてくれるようにと祈り、私を祝福してくれました。その時突然、神を信じようという信仰心が芽生えました。永い間待ち望んでいた信仰が確かなものになったのです。やっと私に笑顔が戻りました。永い間、お前の父上に対して悲しい表情ばかりを見せていたことを申し訳なく思いました。

翌朝、私たち家族は自宅に帰りました。永い間感じることがなかった幸福感を味わいました。次のシロへの旅が来る前には、もうお前が私の腕の中にいました。お前の父上そして家族全員がいつものようにシロへと向かいましたが、私はお前と家に残り、お前の世話をし、親子水入らずの時を過ごしました。なんという貴重な時間だったでしょう！

お前が生まれる前、私は主にお前を捧げると誓いました。乳離れの時期が来たらすぐその約束を果たすと。そして決心は揺らぎませんでした。父上もペニナも私の決意を理解できませんでしたが。

時期が来たら、すぐに離乳させて、お前をシロへと連れて行き、神殿の奉仕のために差し出しました。神がお前の人生に特別な目的を持っていると知っていたので怖くはありませんでした。

私たちは一緒に礼拝を捧げました。お前の幼く、好奇心に溢れた瞳を見た時、無邪気さと賢さ両方を備えているように見えました。

突然主の霊が私の上に降り、私に声を出して、祈る力を与えてくれました。今でも一語一語を覚えています。

ハンナは祈って言った。「主にあってわたしの心は喜び／主にあってわたしは角を高く上げる。わたしは敵に対して口を大きく開き／御救いを喜び祝う。聖なる方は主のみ。あなたと並ぶ者はだれもいない。岩と頼むのはわたしたちの神のみ。驕り高ぶるな、高ぶって語るな。思い上がった言葉を口にしてはならない。主は何事も知っておられる神／人の行いが正されずに済むであろうか。勇士の弓は折られるが／よろめく者は力を帯びる。食べ飽きている者はパンのために雇われ／飢えている者は再び飢えることがない。子のない女は七人の子を産み／多くの子をもつ女は衰える。主は命を絶ち、また命を与え／陰府に下し、また引き上げてくださる。主は貧しくし、また富ませ／低くし、また高めてくださる。弱い者を塵の中から立ち上がらせ／貧しい者を芥の中から高く上げ／高貴な者と共に座に着かせ／栄光の座を嗣業としてお与えになる。大地のもろもろの柱は主のもの／主は世界をそれらの上に据えられた。主の慈しみに生きる者の足を主は守り／主に逆らう者を闇の沈黙に落とされる。人は力によって勝つのではない。主は逆らう者を打ち砕き／天から彼らに雷鳴をとどろかされる。主は地の果てまで裁きを及ぼし／王に力を与え／油注がれた者の角を高く上げられる」（サムエル記上2・1～10）。

毎年お前に上着を持って来るとき、この祈りを唱えていましたから、お前の兄弟姉妹たちもこの祈りの初めから終わりまでそらで言えるようになりました。

私が祈りを唱えるとき、神が私にお語りになり、みこころが成就する時を待ち遠しく思います。――飢えているものは再び飢えることがない、弱い者を塵の中から立ち上がらせ、貧しい者を富ませ、謙遜な者は高く上げられる――

私の心は主にあって高く上げられ、我が神のような岩はほかにはありません。

聖書箇所：サムエル記上１～２章

11　主の油注ぎ

ダビデの母のモノローグ

エッサイ、油が切れかかっています。ランプの芯がもうすぐ燃え尽きそうです。このような驚きと不思議な日の夜はゆっくり休まなければなりません。いったい何が起きたのか理解に苦しみます。平安に眠りにつくためにはじっくりと考えてみる必要があります。

主への捧げ物の若い雌牛を連れたサムエルが現れ、あなたと七人の息子たちが清められ、一緒に奉献に行った時、私は喜びにあふれ、有頂天になりました。預言者が主への捧げ物を携えて現れたこの日、ベツレヘムが祝福されたと心の中で思いました。

私たちの七人の息子たちが順番にサムエルの前を通り、サムエルの鋭い眼差しが一人ひとりに注がれました。その時、彼は何を考えていたのでしょう？　息子たちの誰かが重大な罪を犯したかどうか、隠された秘密を探るために彼らの表情を窺っていたのでしょうか。

私たちはなんて美しい息子たちに恵まれているのでしょう。背が高くてすらっとした長男のエリアブ、ハンサムなアビナダブ、全員美男子です。七人の息子たち全員がサムエルの前を通り過ぎた時、恐れがじわじわと膨らんできました。いちばん末っ子は羊の世話をしていて留守をしていたことはありがたかったです。その時、預言者は息子全員がここにいるのかと聞きました。私は恐怖で心臓が飛び出しそうでした。末っ子のダビデが来るまで、ここで座って待っていると宣言した時、恐怖は頂点に達しました。なぜダビデを要求するのでしょうか？　あの溌剌とした息子が何をしたと言って、サムエルは熱心に求めるのでしょうか？　まだほんの羊飼いの少年なのに。彼はハープを弾いてばかりいる男の子なのです。

あの子は私たちを素敵なメロディと歌で喜ばせてくれます。幼い頃の歌声が忘れられません。あの甘い子供らしい歌声が星降る夜に流れると、天の窓が開いたかのようでした。星空の美しさとあの澄んだ高い歌声から流れ出る天使のような音色に黙って聴き惚れたものです。ダビデはハープの美しい音色の弾きかたを心得ていたようです。彼の弾き語りのお陰で、何度となく、静かで、安らかな眠りにつくことができました。

でもサムエルは七人の息子たちを脇に押しやり、どうする積もりなのでしょうか。彼がローブの中に手を入れて、油の入った角を取り出しているのを見た時自分の目を疑いました。私はちょっと離れたところから一部始終を見ていました。サムエルは七人の息子たちを拒み、ある特別な目的のためにダビデに油注ぎをしたように見えました。エッサイ、これは何を意味するのか教えてください！　私には何のことかさっぱりわかりません。サムエルはその後急いでラマへと旅立ちましたが、行く前に何か説明してくれたのでしょうか。

どういうことなのでしょうか？　預言者が何の目的もなく人に油注ぎをすることはありえません。私の頭の中を過ったことを言葉にするのは憚られます。預言者は王に油注ぎをする……。サウルが私たちの王……ということはいつか私たちの純真なダビデが……これ以上は口にできません。

蝋燭の芯が燃え尽きてしまいます。暗闇の中で座り、皆で祈りましょう。どうぞ主よ私たちの息子一人ひとりを見守ってください。

聖書箇所：サムエル記上16・1～23

12

サウル、口寄せの女を訪ねる

口寄せの女のモノローグ

こんな夜更けにエン・ドルへ訪ねてくる者はいったい誰でしょう。暗くてほとんど見えません。気をつけなくては！　サウル王はこの地からすべての口寄せや魔術師を追放しました。私は殺されたくない。私はこの命のある限り人の役に立ちたい。

役に立つ？　実際彼らの役に立っているのでしょうか？　ただ彼らがそう思っているだけなのでしょうか？　なんとか彼らが食いぶちを賄ってくれています。この薄暗い洞穴の生活が良いとは思いません。状況はさらに悪くなっていて、ほとんどの人がここに来るのを怖がっています。でもこの男は違います。

この哀れな男は打ちひしがれています。この男にいったい何をしてやれるでしょう。誰を呼び起こして欲しいのですか？　わかりました、やってみましょう。預言者サムエルを呼び起こして欲しいのですか。

この男は私を欺こうとしているのでしょうか？　預言者と話したいこの男はいったい誰なのでしょう？　誰か私の命を罠にかけようとしているのでしょうか？　頭を働かせなければ。運がいいことに私は長いローブ姿のサムエルを過去に何度も見かけていて、彼の太い声を知っています。今私の心の目で彼をみています。

この年老いた男は戸惑っていますが、害をもたらすようには見えません。二人の召使いに付き添われているところを見ると、金は持っているに違いありません。


サムエル？　サムエルを呼びたいのですか？　じゃあ、私が呼んであげましょう。

この男は必死です。サムエルだけでいいのですか。この男はサウルなのでしょうか？　私に相談するために変装してやってきて、これは罠かもしれない。この男がいったい誰なのか、私から言うべきでしょうか。

さあ、旦那さん、老人がこちらに近づいてきていて、ローブをまとっています。ほら、見えますか？

冷静に判断しなければ！　ペリシテ人たちがサウル軍と戦いの真っ最中であるのは知っ

ています。皆が知っていることをこの男に伝えるべきでしょうか？　イスラエルが敵の手に渡ることを、そしてダビデがその土地を救い出し、イスラエルの王になることを。そう、私がサムエルの声でこの男に伝えましょう。この男は恐れおののいています、でなければここに来なかったでしょう。哀れなものです。王も他の人間と同じように悩みを抱えているのです。

なぜ私を騙そうとしたのですか？　あなたはサウルじゃないですか、サムエルの声を聴きなさい。預言者が真実を語ります。

サムエルはサウルに言った。「なぜわたしを呼び起こし、わたしを煩わすのか。」サウルは言った。「困り果てているのです。ペリシテ人が戦いを仕掛けているのに、神はわたしを離れ去り、もはや預言者によっても、夢によってもお答えになりません。あなたをお呼びしたのは、なすべき事を教えていただくためです。」サムエルは言った。「なぜわたしに尋ねるのか。主があなたを離れ去り、敵となられたのだ。主は、わたしを通して告げられた事を実行される。あなたの手から王国を引き裂き、あなたの隣人、ダビデにお与えになる。あなたは主の声を聞かず、アマレク人に対する主の憤りの業を遂行しなかったので、主はこの日、あなたに対してこのようにされるのだ。主はあなたのみならず、イスラエルをもペリシテ人の手に渡される。明日、あなたとあなたの子らはわたしと共にいる。主はイスラエルの軍隊を、ペリシテ人の手に渡される」（サムエル記上28・15〜19）。

サウルを支えなさい、早く。怯えているではないですか。床に倒れているこの男を見て誰がサウル王だと思うでしょう。助けなくては。さあ、彼を起こしなさい。あなたの王にはあまりにも大変なこと。彼は立ち上がる力もありません。椅子に座らせなさい、何か食べ物を用意しましょう。

その女はサウルに近づき、サウルがおびえきっているのを見て、言った。「はしためはあなたの声に聞き従いました。命をかけて、あなたが言った言葉に聞き従ったのです。今度は、あなたがはしための声に聞き従ってください。ささやかな食事をあなたに差し上げますから、それを召し上がり、力をつけてお帰りください」（サムエル記上28・21〜22）。

さあ、肉とパンです。サウル王、どうぞ召し上がり、明日のためにこれで力をつけてください。

哀れな老王よ、これが最後の食事になるかもしれません。明日は戦いが始まるでしょうから。

聖書箇所：サムエル記上28章

13　心を頑なにしてはならない

ミカルのモノローグ

アビガイル！　聞いたでしょう、あのお方が何と言ったか。ダビデの本音はわかっていました。かなり前から気がついていましたが、面と向かう勇気がありませんでした。今までいつも微かな希望にすがって、自分を偽ってきました。アビガイル、私はもうこれ以上我慢できません。

私は自分が嫌でたまりません。自分の不平不満をあなたに聞いてもらうばかり。周りの女たちにはそんなことをするなと叱っているくせに。

アビガイル！　悩みをあなたに打ち明けている私のことをどう思ってますか？　あなた自身も苦労の多い人生だったけど、主への信仰を通して生き方を見つけたのでしょう。私は我らが父である神を受け入れられず、この苦悩も受け入れることができません。今日起きたことは私には耐えられません！　ダビデは私を完全に見捨てました。私の人生は無価値です。一筋の希望もありません。

なんて卑劣でいやみな私。主の契約の箱がついにエルサレムに運び込まれた時ダビデは喜びで感極まっていました。心から溢れ出るものを表現せずにはいられませんでした。民はそういう彼を理解し、慕っていました。でも、私は彼が喜び踊るのを窓から見て蔑みました。人々の前で彼を嘲笑ってしまったのです。彼の唖然とした表情を見て、私は後悔の思いに駆られ、もうすぐで自分の非を認めるところでした。今まで経験したこともない感情でした。その時ダビデが決定的な言葉を言い放ったのです。私の中の何かが崩れ落ちました。

自分がどんなに荒れていたのかを気づくのにここまで心が砕かれなければならなかったのでしょうか。こういうやり方でしか私はどう生きるべきか学ぶことができないのでしょうか。

アビガイル、あなたと私どちらがより不幸な人生なのでしょう。サウルの娘として生まれ、私はもっと幸せな人生を歩めたはず。私には兄弟のヨナタンしか味方がいなかったのに、そのヨナタンも死んでしまいました。

ナバルという男との結婚であなたの人生がどんなに惨めだったか、そのいきさつをダビデの家来たちから聞いて知っています。

あなたの素晴らしい行いも聞きました。腹を空かせた兵士たちのためにパン、干しぶどう、干しイチジクのお菓子など大量の食料をロバに積み、山々を進み、兵士たちのためにダビデに差し出したのです。ダビデはこのことを、あなたの寛大さ、情の溢れた親切心を忘れることはありませんでした。あなたが流血の罪から彼を守り、主があなたを用いてダビデを祝福したと、いつも聞かされていました。

ナバルが死んだ後でさえ、あなたはダビデの妻となったけど、それは苦しみの始まりだったでしょう。どんな女だって、八人の妻を持つ男の妻になりたくないはずです。私はずっと嫉妬で疲れ果てています。あなたにだって嫉妬しています。特にダビデがあなたの賢い助言を褒める時。ダビデはあなたを気に入っているでしょうけど、バルシバのことを他の誰よりも愛しているのは誰の目にも明らかです。彼らの結婚はウリヤを殺した罪で腐っていて、ダビデはそのことでずっと苦しんできました。

あなたはなんとか耐え忍んでいるようですね。でも私は妬みに悩まされ続けています。

バルシバの最初の息子が死んだ時私はほくそ笑みました。でも彼女がソロモンを可愛がっている姿を見ると憎くてたまりません。

アビガイル、こんなこと考えたことはないですか？　男は一人だけの妻をもち、父、母と子供たちで家族になるなんてどう思います？　私は神はそのようなご計画を持っていたと思うことがあります。でなければ、このように男と女を創造したでしょうか？

一人の女が妻であり、友であり、愛人であり、夫の母親の代わりも務められるなら、なんて幸せなことでしょう。神様、それは叶わぬ夢でしょうか。

アビガイル、今までの人生の中で一番自由な気持ちになりました。あなたが親身になって聴いてくれたお陰で、私の心が軽くなりました。きっとあなたはあの頑ななミカルがこのように変わるなんて思ってもみなかったでしょう。自分自身びっくりしています。私の沈黙の嘆きがついに解き放たれました。

聖書箇所：サムエル記上14・49、18・20〜28、19・1〜18、25・1〜44、サムエル記下3・12〜16、6・12〜23、11章、12・1〜24、コリントの信徒への手紙一15・29

14 母親と赤ん坊

ソロモンの裁判での二人の母親のモノローグ

私のような恥と罪の人生からこんな素晴らしいことが起きるなんて！　この小さな命、すべすべした肌、可愛い小さな手、完璧な形をした小さな足、絹のような黒髪！

なぜ私にはこの小さな命を守る夫も家もないのですか！　こんな気持ち初めてです。心が温かくなり、この子に乳を飲ませたいと全身で感じるこの気持ち、こんな幸福感を感じたことは未だかつてありません。

惨めなあばら家でいつも腹をすかせて、汚い身なりだったあの頃のことが忘れられません。大きくなってくると、自分の食い扶持を稼がなくてはいけませんでした。持参金も何もない私のような者を嫁にもらってくれる人もなく、自分自身を売る以外に生きていく方法はありませんでした。今でさえ食べていくのがやっとだし、住むところもありません。

この売春婦と病気の赤ん坊とこの掘っ立て小屋に寝泊まりしているだけです。この赤ん坊たちの父親はひょっとして同じ男かもしれません。

泥棒！　私の赤ん坊を返して。この死んだ子は私の子じゃない。いや、これは私の赤ん坊じゃない。あなたの胸で泣いている子が私の子です。私に返して。ほら、よしよし、本当のお母さんがお乳をあげよう。

それなら、ソロモン王の所へ行きましょう。王様ならこの赤ん坊が誰の子かわかるに決まっています。私が眠っている間にあんたがこの子を盗み、死んだ子を私の腕に滑り込ませた。王様にすべて言ってやりましょう、きっとわかってくれます。さあ行きましょう。

剣？　王様のおっしゃっている意味がわかりません。私の赤ん坊を真っ二つに裂くなんてそんなことさせはしません。この子を殺させたりしない。この子をその女にあげて。さあ早く。この子を殺すか、諦めるかなんて、そんなこと耐えられない。ほら、怖がって泣いているじゃないですか。この子をその女に。赤ん坊が死んでしまうよりましです。

はい、王様、あなた様は真実をお語りになりました。この子は私の子です。本当の母親に子供を返してくださった。なんて知恵のある王様、ソロモン王！

よしよし、泣くのをおやめなさい。さあ、しっかり掴み、お乳を飲みなさい。私の大切な子。これからどうするべきか、どこへ行くべきか？　この無邪気な赤ん坊を前にして、罪深い恥ずべき生き方はやめよう。

この子の父親は誰？　どこにいるの？　この子の存在すら知らない？　神様はご存知です。イスラエルの神よ、どうぞ私を助けて！

聖書箇所：列王記上3・16〜28

15

女王の難問

シェバの女王のモノローグ

ひと休みしましょう。この暑さで体も心もぐったりです。少し早いけど、このオアシスで、キャラバンを止めましょう。宦官たちを呼びなさい！　さあ、ここでテントを張りなさい。天蓋と扇子を持って来なさい。

皆のために飲み物と食べ物を用意しなさい。今日はここで足を止め、星降る空の下で夜を過ごしましょう。空を見上げ、ソロモンが礼拝するイスラエルの神を探してみましょう。

なんという長い、歩みの遅い旅！　熱風、砂塵、渇き、酷い疲労、大変だけど、意義のある旅です。もう一度やってもいいです。

このソロモン王というお方のすごいこと！　我々を心温かく迎えてくれました。素晴らしいご馳走でした。上質の小麦粉のパン、脂肪のついた七面鳥、ラム肉、牧草で育った牛肉、すべて美味で、金の皿に盛られていました。

四万頭の馬を収容する馬舎、一つ一つの馬小屋に麦とワラが充てがわれていました。あのお方の馬車に乗った時の胸のときめき、自分のぶざまなラクダと比べると天と地ほど違います。

なんという贅沢！　金や宝石は私もたくさん持っていますが、ダイヤモンドやエメラルドの輝きさえ、もうすごいとは思いません。香料もあのお方のためにいろいろ持ってきましたが、もはや自分の宝物がみすぼらしく見えました。

あのお方は私のたくさんの難問にもお答えになりました。どうやって、あんなに多くの箴言を集められたのでしょうか？　三〇〇〇もの格言！　一〇〇〇以上の歌、私が今まで知っている王にこのようなお方はどこを探してもいません。この中のどれぐらいをあのお方が書き記したのかは知りませんが。飾らない表現ですが、的を射ています。出発前に王様が多くの箴言を集めていると聞いていましたが、半分以上は知りませんでした。

王様のハーレムにいる女たちの美しいこと！　しかし、そのうちのほとんどの女たちは遊び人か、噂好きか、口うるさいか、面倒を起こすような女に違いありません。

私はあのお方に恋をしました。あのお方の寝床に招かれましたが、大勢の側女の一人になるのは癪に障るし、私のプライドが許しません。自分の城に帰り、この失った恋を忘れ去ります。贈られた宝物を誇りに思い、悲しいことは思い出さないようにします。王様の知恵ある格言を学び、周りの王たちや女王たちに差をつけてやります。そうすれば、彼らは私のところに来て、私の知恵を分けて欲しいと願い、彼らの書物に加えるために箴言を求めるでしょう。


さあ、宦官よ。お前は最高の読み手ですよ。でも自慢せずに謙虚になりなさい。私の写本と巻物を持って来なさい。静粛に。それらはしっかりとラクダの背にくくりつけてあります。私の命令に従いなさい。私が横になっている間、その中のいくつかの箴言を読みなさい。全部持って来なさい。私がどれを読みたいかを指示しますから、それらを天幕の敷物の上に丁重に並べなさい。

その書物をまず紐解きなさい。門の側で知恵が語られた詩を読みなさい。長く垂れた衣を身にまとい、門の側で叫ぶ知恵を目を閉じて思い浮かべてみます。

いかに幸いなことか
知恵に到達した人、英知を獲得した人は。
知恵によって得るものは
銀によって得るものにまさり
彼女によって収穫するものは金にまさる。
真珠よりも貴く
どのような財宝も比べることはできない。
右の手には長寿を
左の手には富と名誉を持っている。
彼女の道は喜ばしく
平和のうちにたどって行くことができる。
彼女をとらえる人には、命の木となり
保つ人は幸いを得る。
主の知恵によって地の基は据えられ

主の英知によって天は設けられた。
主の知識によって深淵は分かたれ
雲は滴って露を置く。（箴言３・13～20）

なんと美しい！　素晴らしい。ほら、暗記して言えます。

主の知恵によって地の基は据えられ
主の英知によって天は設けられた。
主の知識によって深淵は分かたれ
雲は滴って露を置く。

エジプトからの格言を、「アメンエムオペトの教訓」（訳注２）から読んでください。ソロモン王に会う前から知っていた格言です。
私の心に届くこの格言はアグルが神を探し求めていた時に語った言葉です。

まことに、わたしはだれよりも粗野で
人間としての分別もない。
知恵を教えられたこともなく
聖なる方を知ることもできない。
天に昇り、また降った者は誰か。
その手の内に風を集め
その衣に水を包むものは誰か。
地の果てを定めたものは誰か。
その名は何というのか。
その子の名は何というのか。
あなたは知っているのか。（箴言30・2〜4）

女中たちよ、なぜでしょう！　交易関係を良くしようとソロモン王に会いに行き、我が城に帰って来ましたが、今ではこの神、イスラエルの神を探し求めています。そのお方の知恵を、真理を求め、暗闇の中で手探りで光を見つけようとしています。イスラエルの神はどんなお方なのでしょうか？　お名前は？　そのお子のお名前は？

聖書箇所：列王記上10・1～13、歴代志下9・1～12、箴言1・20～21、22・17～21、マタイ福音書12・42、ルカ福音書11・31

（訳注2）
一九二〇年代以降、聖書学の世界では箴言の一部と古代エジプトの知恵文学である「アメンエムオペトの教訓」との類似性が指摘されている。木田献一監修『新共同訳　旧約聖書略解』日本基督教団出版局、六七五頁を参照。

16　仮面のような厚化粧をしたイゼベル

イゼベルのモノローグ

とことんやり抜く覚悟です！　目に念入りな化粧をし、女王らしく髪を結った私が塔の窓から見下ろしているのが彼らの視界に入るでしょう。でも私の心の内は誰も知るはずがありません。この仮面の下の私の本当の姿を見抜けはしません。そして私がどんなに死を恐れているか見破る者はいません。エリヤは言いました「犬がイゼベルを食う」。いつまでもこの言葉が私の心に突き刺さり、永い間、言葉にならない恐怖に苦しめられてきました。

ヘブライ人に生まれてくればよかったと思ったこともあります。私自身へブライ人たちに囲まれて暮らしてきました。なぜこんな風に感じるのでしょうか？

宦官たち、扇で私に風を送りなさい。

城の窓に寄りかかりながら、自分の今までの人生を振り返るのは不思議な気持ちです。イエフに殺される時が迫ってきています。死に絶えたアハブの亡骸を戦場から城へと戦車が運び入れるのが見えます。私が殺した彼の息子たちも、ワイン畑を取り上げるために殺したナボトも私の日の前にいます。ああ神よ、私にはあなたがどなたか知らないけど、この忌まわしい記憶を消し去ってください。

罵るのはやめなさい！　私は女王イゼベルであると覚えておきなさい。黙りなさい、宦官たちよ。私に従いなさい。イエフの命令を無視しなさい。

ああ神よ、どうか私が息をしている間は犬が私を食べないようにしてください。

なぜこんなにいろいろな光景が頭の中を駆け巡るのでしょうか？　ツロでの宗教儀式が幼な心に焼き付けられていました。あの時父は自分の弟を殺し、シドンの王になりました。

私は王としての父より祭司としての父が好きでしたが、王女になれたことに気をよくしていました。

高貴な王女！　白いベランダのある宮殿！　贅沢な衣、キラキラ光る装飾品！　私はそのすべてに憧れていました。アハブ王との結婚が整えられた時も喜びました。イスラエルのイゼベル女王になれたのですから！

ええ、女王の位に付きました。でも私はあの気の弱い夫を軽蔑しました。私が欲しかったのは支配力、王とイスラエル王国を私の支配下に置きたかったのです。私は王の娘であり、王の妻！　私の子供は王に、孫も王になりました。

三〇年以上もの間私は天下を支配しました。幸せだったか？　いいえ、何も満足しませんでした。疑いと不信だらけでした！

誰も私のことを愛したり、必要とはしませんでした。アハブは私の父の国との貿易のために私と政略結婚したのです。

なぜ私は彼と結婚したかって？　女王になりたかったから。もしアハブがエリヤのようにもっと意志の強い男だったら、愛が育ったかもしれません。ヘブライ人たちには何かがあります。何かって？　あの男、エリヤ！　私の敵であることは確かです。闘う価値がある男。あのぎらりと光る眼、強固な意志、神への信頼！

カルメル山でのあの日を昨日のことのように覚えています。私の神バアルとイスラエルの神との競技は私の神経を昂らせました。うちの祭司たちも熱くなりました。雨が降るのを期待しましたが敗北に終わりました。このイスラエルの神を怖れました。でも私はこの神に逆らい、反発しました。うちの祭司たちも必死で祈りましたが、何も起こりませんでした。エリヤが彼の神に雨を懇願したら、天から雨が降り注いだのです。これは何を意味するのですか？

アハブがこのことの全容を私に話した時、私は怒り狂いました。こんな怒りは初めてでした。エリヤが私の怒りを恐れ、荒れ野へと逃亡した時、彼と彼の神を永遠に始末できたと思っていました。しかし、そうはいきませんでした。彼は戻って来たのです。ナボトを殺し、ワイン畑を取った罪で私とアハブに屈辱的な死刑が実行されると脅したのです。エリヤの口からあの時あの忌まわしい言葉が出ました。「犬が私たちの肉を食らう！」。

私は年老い、どこもかしこも敵に囲まれています。とんでもない考え、耐えがたい恐怖に慄いています。この情けない宦官どもは私を城の中庭に突き落とすでしょう。落ち着きなさい、この仮面で欺いて見せます！　笑みを装い、誇り高く振る舞うのです。最後まで騙して続けます。ああ神よ、自分自身を騙すことはできません！

私に触れるな！　この恥知らず！　イスラエルの神よ、どうかお助けを、この性悪な私を救ってください！　あなたならおできになります！

聖書箇所：列王記上16・29〜31、18章、19・1〜3、21章、列王記下9章

17

社会的善悪の意識の芽生え

サマリアの女のモノローグ

私たちの祭りの邪魔をするこのテコア出身の羊飼いはいったい何者ですか？　アモスという名だそうです。彼が語る破滅の預言を聞くと身の毛がよだちます。年に一度の神を讃える祭りの行進を楽しんでいるのに、この男に台無しにされたくありません。

私はこの男を恐れています。我々の敵なら彼が預言する恐ろしい罰を受けるのは当たり前です。エドムが火で焼き尽くされ、アモリ人に審判が下されるのは喜ばしいことです。でもなんで私たちに向かってこのように脅すのでしょうか？　この男はこの町に来るべきではありません。自分の故郷に帰り、我々に構わないで欲しい。この男はただの羊飼いで、イチジク栽培の農民に過ぎません。

この男が私たち女衆のことをなんと呼んでいるか知っていますか？　「バシャンの雌牛

ども」ですって。この暴言の償いをさせます！「私たちが捕らえられ、肉鉤で引き上げられる」と脅すこの男が怖い。確かに私たちは敵に囲まれているから、そのようなことになりかねないけど、私たち女にいったい何ができるというのでしょうか。

私たちの菜園と葡萄畑は私たちの自由にしていいはずです！　石造りの家で生活を楽しみ、象牙のベッドでくつろぎます。こんな出しゃばりに邪魔されずに、私たちは自分を美しく装い、高価な香油を体に塗ったりしたいものです。自分のお金をどう使おうと私たちの勝手じゃないですか。

貧しい者たちがやつれた表情をしているのは私たちの所為だというのですか？

この男はこれらすべてのことに対して、金持ちと貧乏人のことで、頭に血が上っているようです。私たちのことは放っておいてほしい。彼がこの町に来てから人生を楽しめなくなりました。

祭司アマツアがヤロブアム王にこの男の強迫行為について報告したと聞きました。王がアマツアの言葉に耳を傾け、アモスをこの王国から追い出してほしい。この男を生まれ故郷へ送り帰してほしい。

「ヤロブアムは劍で殺され、イスラエルは連れ去られる」と民衆の前でよくもそんなことが言えたものです。

彼が言ったことすべて忘れたいけど、私の魂を絶えず悩ませます。でもなぜ？

ご存知の通り、私たちは神聖な宗教儀式を行い、祝祭の食事をし、モーセの戒め通りに焼き尽くす捧げ物を捧げてきました。我らが父である神に賛美の歌を捧げ、ハープの音色は日々神を賛美しました。

なぜアモスは私たちをこのまま放っておいてくれないのですか？　この美しいサマリアで安心してはいけないのですか？　私たちはしあわせになってはいけないのですか？　私たちの先祖は苦しみ、約束の地にやっとたどり着きました。長年の闘争と葛藤の末やっと繁栄と平和を得たのです。なのに今この羊飼いが私たちを脅かすためにやって来ました。ヤロブアム王がこの男を懲らしめ、イチジクの木と家畜のところへ追い返すことを願っています。

この男が言ったことをどうやったら脳裏から消し去れるのでしょうか？

聖書箇所：アモス書

18 人生の黄昏時

ホセアの妻ゴメルのモノローグ

ホセアよ、なんという人生の荒波をお互いにくぐり抜けたことでしょう。振り返ってみると、もしも人生をやり直すことができたとしても、同じことをしていたでしょう。そうに違いありません。私の罪深い行いにも関わらず、神は素晴らしいことをしてくださいました。

人生の黄昏の中で、あなたの美しい詩を聞きながら座っていると、なんとも言えない平安の中でくつろぎ、喜びで浮かれた気分になります。主である神が彼の民に向かって懇願した時あなたが私に呼びかけているのか、それとも神がイスラエルの民に呼びかけているのか区別がつきませんでした。

巻物を書いているあなたを見る日々が愛おしい。この世でのあなたの人生が終わった後、何人の人たちがそれを読むのでしょうか？　私は何度でも耳を傾けたい、その度にイスラエルの神のことをより深く知ることができます。

あなたは私の中の何を見ていたのでしょう、こんな罪深い女をどうやって愛することができたのかと思う時があります。あなたはまだ未熟だった私を憐れに思いなんとか助け出したかったと言います。いつか私が真実に夫を愛せる妻になることを予感したのでしょうか。

私が再び恥ずべき行いに戻った時、あなたは苦しみました。そんなことがあったのにまだ私を愛したなんて、信じ難い。でもそれが真実なことと知っています。私はなんて愚かだったのでしょう。

愚かな鳩という表現がぴったりです。自分の夫の家と勘違いした自由との間を行ったり来たりふらふらしていました。

毛皮と亜麻の服、金と銀、体に塗るオイルと香水、お酒、愛人が欲しかった。そのような淫行からどうやって私を取り戻せたのですか？　そんな私を探し求めてくれました。そのような忠実な愛に私はふさわしくない女。あなたは私に結婚を誓いました。私は約束を守らなかったのに、愛し許してくれました。

そして私を神へと導いてくれました。私はどうやって神を知ることができたのでしょうか？　最初はあなたの優しい、憐れみ深い愛を通して、そしてあなたの詩を通して導かれました。

私は昔神に反抗していました。正義と忠実の神であることは知っていました。でもそのお方が私を愛してくれるとは夢にも思いませんでした。モーセの律法すべてに従うことができなかったから、諦めて自分勝手に振る舞っていました。そんなに完璧に従おうとしなければ、もっとうまくやれたかもしれません。一三歳の時に父の心を砕き、そしてあなたの心をも。あなたの神への信仰によってここまで辿り着くことができました。


ホセア、こんな風にあなたに話すことができるようになるとは、なんと感謝なことでしょう。私の魂が解き放たれます。あなたはなんて親切で思いやりがある人。あなたは私が自分自身を嫌いになるなと教えてくれました。私は自分が犯した罪を憎んでいるし、子供たちに及んだ害を悔やんでいます。でも、自分を大事にするようにとあなたが教えてくれました。あなたが私を愛してくれて、祝福してくれたから、神は罪深い人間でさえ愛し、大切にし、神の無限の愛の中に包もうとしてくださることを私は知りました。神は私が悔い改めたことを知っています。他の人々に犯した間違いを元どおりにすることはできません、でも私の絶望と無力さの中で、神は憐れみと慈愛を示してくださいました。

あなたは私なしでは、私の罪なしでは巻物を完成することはできなかったと言います。ああ、ホセア！　これは私の運命でしょうか？　神は罪深い私という人間を用いて、ご自身をより完全に顕されたのでしょうか？　神とあなたの愛には恩返しをし尽くせることはないでしょう。私にできることは心を尽くし、精神を尽くし、思いを尽くして神を愛することだけ。私が生きている限り……。

聖書箇所：ホセア書

19　捕虜として連れてこられた召使いの信仰

ナアマンの妻のモノローグ

娘よ、枕を持ってきて、私の背中に当ててください。ああ、いい気持ち！　すべてお前あってのことだから何があったか教えてあげましょう。お前の顔をよく見たいから、私の足元にお座りなさい。お前の黒くて艶のいい巻き毛がこの真っ赤な絨毯によく映えていて私の目を楽しませてくれる。ヘブライ人の女たちは皆お前のように黒い髪と瞳を持っているのですか？　お前は捕らわれ、奴隷として連れてこられたけど、最初に会ったときから、私の心を捉えました。お前のような娘が欲しいとずっと願っていました。

愛しい娘よ、ナアマンと私にあなたがしてくれたことがどんなにすごいことか！　かわいそうなナアマン、重い皮膚病でした。あんな忌まわしい病を患いながら、王に仕える偉大な将軍としての成功をどうやって誇れましょうか。あのような恐ろしい疫病を持っていては私たちと一緒に暮らすことさえままならない状況でした。

なんと、彼は癒されました。それはひとえにお前のお陰です。お前の奉仕と愛らしさは最初から私たちを喜ばせました。この奇跡のお礼としてどんなご褒美がいいでしょう？

ご主人様が預言者エリシャの助けを求めるべきだとお前が進言してから数週間が過ぎていました。ナアマンが我が家に戻って来るのを今か今かと待ち、とても永く感じました。ナアマンがお前の国、イスラエルに行った後何が起きたか聞きたくてうずうずしているでしょう。

シリアの王がイスラエルの王に記した手紙は金、銀、豪華な刺繍の装飾品などの大層な贈り物と共に贈られました。お前の王様はナアマンが何か魂胆があり、王に対して隠謀を企んでいると思ったそうです。

それでナアマンは預言者エリシャの元へ行きましたが、エリシャは彼に会おうとしませんでした。ただ、使いの者にある「ことば」を託しました。その「ことば」とは、ヨルダン川で七回水浴びをしなさいというものでした。あまりにもバカバカしく感じたナアマンは怒りに震えながら、帰途へつこうとしました。想像がつくでしょう、ご主人様の怒りがどんなものだったか。お前も何度となく目撃しているから、どんなに大変かわかるでしょう。ご主人様はなぜダマスカスの川がヨルダンの川より劣るのか理解できなかったのです。

でも家来たちはナアマンに水浴びをするように頼み込みました。水浴びをすることで何か損するのですかと……。

ナアマンはついにエリシャに言われたように水に浸かりました。驚くべきことに彼の皮膚が瞬く間に癒されました。子供の肌のように滑らかになったのです。信じ難いことが起きたのです。ご主人様は 神を讃えながら、急いでエリシャの元に戻って行きました。

エリシャはナアマンのお礼の贈り物を受け取ろうとしませんでしたが、イスラエルの神を賛美したことを快く思ったようです。ナアマンはエリシャに約束しました。今後彼の王と共にシリアの神リモンの宮に参拝に行くことがあっても、イスラエルの神を礼拝することを誓ったのです。

お前の信仰がもたらしたのです！　お前は私たちにとって二重の祝福です。ナアマンが清められただけではなく、何よりも最高なのはご主人様が霊と真理で真に礼拝できる神と出会ったことです！

聖書箇所：列王記下５・１〜19

20　フルダと書物

フルダのモノローグ

我が夫、シャルムよ、ヨシュア王からの五人の使者が来た時、衣装に関することで来たのかと思いませんでしたか？　前にも何度かそういうことがありました。衣装のことで、何か間違いでもあったのかと不安でした。でも祭司のヒルキヤとシャファンと神殿の書を目にした時、背筋がゾクゾクしました。

使者たちが私の所に来た理由は神殿の修理をしている作業員たちが見つけたこの書のことだと聞いた時、まさか私に？　と驚きました。女のこの私に？　神聖な重大な事柄について私に相談？　この書が主の言葉かどうかを私に確かめに来るとは、青天の霹靂でした。私は自分自身を預言者とみなしたことはありません。私はただ神のみ言葉をより理解するために学んでいただけです。

あなたの家族が数世代に渡って衣装係をしていたお陰で神殿に近いエルサレムに住むことができて、私はなんと幸せ者でしょう。もしそうでなかったら、神聖な書物を聞く機会もなかったでしょうし、神殿の礼拝や聖歌の歌声を日々聴くことを通して祈りの中で自分が高められることもなかったでしょう。

主のみ言葉は私がいかに神の助けを導きを必要としているか、私がいかに神の期待にはほど遠いか気づきを与えてくれます。私たちの民の無関心な態度を思うと、心配でなりません。彼らは神の声に聞き従っていません。私たちの先祖はかなり昔モーセの戒めについて私たちに教えていましたが、この時代、人々は耳を傾けません。偶像崇拝がどんなに生ける神を傷つけたか！　神は私たちを罰するでしょう。

いや神は私たちに対して怒ってはいません。罰しているのは私たち自身なのです。なぜなら、私たち自身が自ら神の道から外れる生き方を選んだのですから。

村の女たちと話す時、説教とか預言という形でなく神からの罰について語ることにしています。イスラエルの人々のことを真剣に考えているからこそ私はそのように語ります。

モーセが警告したような試練に村人を遭わせたくないのです。

シャルムよ、あなたと私はこの真理を教えられていました。私たちの先祖はこのことを警告しましたし、母たちは神の聖なる律法を熱心に教えてくれたではありませんか。モーセがシナイ山でこの警告を受けたことを私たちはこの耳で聞きました。だからこそ神は私たちにより大きな期待を寄せています。でも私たちの民のほとんどがこのことを知りません。誰も教えなかったからです。耳を傾けようともせずに他の神々にお香を焚き、彫り物や鋳像の偶像を拝み、木々の下に祭壇を作っていたのです。

モーセは神は唯一であり、その神を礼拝すべきと宣言しました。「聞け、イスラエルよ。我らの神、主は唯一の主である。あなたは心を尽くし、魂を尽くし、力を尽くして、あなたの神、主を愛しなさい」（申命記6・4〜5）。

我が愛する夫、シャルムよ、私たちは今日奇跡を経験しました。長年の間隠されていたこの聖なるみ言葉を、神は守って来られたのです。今日、主はそのみ言葉を民に読んで聞かすようにと示されました。主はこの古い書を私たちに見せ、触らせてくださり、私たちを祝福されたのです。これは真の「律法の書」、この巻物こそ古い昔私たちの先祖がこの地に入ってくる前に使われたものです。主はこれが神のみ言葉であると私が公表することを許されたのです――ああ、胸が一杯です。

ヨシュア王は明日にでも民衆を集め、この契約の書物のみ言葉を皆に聞かせるでしょう。このことばかりに気を取られないようにします。家事を先に終えて、あなたの仕事を手伝います。明日の行事に向けて私たち家族の準備が必要です。

神のみ言葉のために、今日与えてくださった新しい啓示のために主を賛美しましょう。

聖書箇所：列王記下22章、歴代誌下34章

21 荒野でのシオンの娘たち

ある女のモノローグ

ああ、足が――もうこれ以上歩けない！　黄金の足輪とキラキラ輝く装飾品を身につけてエルサレムの街を嬉しそうに闊歩していた時のことがまるで大昔の出来事のように感じます。今となっては幸せがどんなものだったかも忘れてしまいました。鉛のように重い心と足を引きずり、この荒野を喘ぎながら進んでいます。鎖に繋がれていないのが幸いです。私たちがこんな小さな子供たちを抱えて逃げるはずがないと踏んでいるようです。

私の姿を見てください！　乞食のように見すぼらしい格好で薄汚い。私たちはいったいどうなるのでしょう？　まさか私たちをバビロンまで連れて行こうとしているのでしょうか。そこでいったい私たちをどうしようというのでしょうか！

かわいそうなゼデキア王！　敵は王の子供たちを皆殺しにした上に王の両眼をえぐり取ったのです。王はこの一行の前の方で足枷をはめられているそうです。あなたの夫は鎖に繋がれていますが、まだ命があることをありがたく思いなさい。

私の夫がこの包囲戦を生き残れなかったことはある意味感謝です。このような苦しみに耐えられなかったと思います。息子や幼い娘が苦しみ、死ぬ姿を見ずに済んだことは神のご慈悲です。夫は店が壊された時、気力を失い、闘うことすらできませんでした。

夫は光沢のあるシルクや色鮮やかな布を陳列した棚が自慢でした。子供たちの艶のある黒髪を撫でるのと同じくらい商品の布を手に取り、眺めることを楽しみにしていました。

店の前で腰掛けて通り過ぎる人々を見るのが好きでした。私よりかなり年が上で安楽な暮らしをして、人生を通して美食家でいつもご馳走を食べていました。

あのような贅沢は結婚前までは知りませんでした。私の父は筆記者で、母もまた博学な人でした。母の父親は祭司で一二歳になるまでに聖なる書物の多くを暗記した人でした。両親にとってお金はあまり意味がありませんでしたが、私が好きになった人がお金持ちの商人でした。でも結婚を許してくれました。夫はとても親切で善良な人でした。私も子供たちも大切にしてくれました。ああ悲しいこと！　一番幼いイザヤだけが生き残りました！　戦いの中で子供たちが弱っていき、死んでしまいました！　葡萄酒、パンはどこ？　という子供たちの声が耳に残っています。

しばらくの間、私には銀、金、シルクの布、宝石があったので、食べ物と交換できました。幼い子供たちをなんとか食べさせました。宝石や財産は何の意味もなくなりました。ただ食べ物と飲み物に変わるだけでした。生き残ることだけがすべてでした。なぜ生きたかったのかもわかりません。


いいえ、わかっています。この幼い息子のために生きたい。さあ、息子よ、私の背中に負ぶってあげましょう。さあおいで、泣かないで。葡萄酒で唇を湿らせましょう。肩に油を塗ってあげるから、少し眠りなさい。

私たちの子供はまだ小さいから抱いて歩くのは苦になりません。あなたの娘も少し弱ってきているけど、イザヤよりは元気そうです。

こうやってお互いが出会えたことはありがたいことです。私たちはエルサレムで長年暮らしていましたが、この荒野で初めて出会えました。新しく友達ができて感謝です。あなたとご主人が再会できるよう祈っています。友よ、勇気を出して！　泣いてばかりいると体力の無駄です。子供たちのためにも笑顔でいましょう！
もし子供たちがいなかったら、とっくに諦めていたかもしれません。でも私は決して諦めません。私はこの悲惨な旅を生き延びるつもりです。私の息がある限り、このカルデア人たちは私の生きる意思をくじくことはできません。この幼子はあの大変な時期を生き延びたのだから、生き残れるはずです。バビロンに着いた後も、この子は自分が先祖伝来受け継いだものを忘れず、律法を学び約束の子供として育てられるでしょう。

私は先祖伝来の大切なものに対して永い間心を閉ざしていたことが悔やまれます。エルサレムの街をエレミヤが奇妙な衣装を身にまとい、私たちへの警告を預言していたことに腹を立てていました。あの預言者のお陰で私の母がよく語っていたイザヤの物語を思い出しました。エルサレムの女たちを傲慢と言い、胸に首飾りをぶら下げて気取って歩いたと。あの預言者は女たちが何を身につけていたか、足輪、腕輪、スカーフ、髪飾り、ターバン、ベールなど、あんなに細かいところまでよく観察したものです。手提げ袋や結ったばかりの髪までとやかく言っていました。私は母からすべてを学びました。偉大な預言者イザヤの言葉を朗読し、イザヤの美しい詩がとても好きでした。だからこの子にそのイザヤの名前をとって名づけました。

エレミヤはまだエルサレムにいるそうです。私たちの側にいてくれたらと思います。きっと誰もが彼の言葉に耳を傾けるでしょう。ネブカドネツァルがやって来るまでは私たちは安全で守られているようにみえました。エジプトの戦車と馬に信頼を置いていたなんて、愚かでした。

こんな悲惨な夏を忘れられましょうか。飢饉がどんなものか聞いたことはあります。でも今回本当の意味を突きつけられました。カルデア人の略奪のことはもはやどうでもいいのです。物に対しての執着はなくなりました。寺院や王宮が燃やされたことは今となっては狂った夢のようです。現実にあったこととは思えません。城壁が崩壊したなんて実感できません。腹をすかせた子供たちの泣き声が絶えず私に付きまとってきます。

神殿の燭台、壺、芯切り鋏などをカルデア人が持ち運んでいるのを見ましたか？　彼らは青銅の器を奪い尽くしました。

うちの若い衆数人がハープを携えているのに気づきました。でもそのハープを目にしただけで心に痛みが走ります。見知らぬ地でどうやって主への賛美を歌うのですか？　バビロンでの捕囚なんて耐えられるはずがありません。

都市が陥落してしまい、人々で溢れていた都がなんとひっそりと侘しいことでしょう。神よ、助けてください。私たちは絶望してはなりません。この幼子たちはいつかシオンに帰る時が来るかもしれません。母が教えてくれたイザヤの言葉を思い出します。

それゆえ、主は恵みを与えようとしてあなたたちを待ち／それゆえ、主は憐れみを与えようとして立ち上がられる。まことに、主は正義の神。なんと幸いなことか、すべて主を待ち望む人は。まことに、シオンの民、エルサレムに住む者よ／もはや泣くことはない。主はあなたの呼ぶ声に答えて／必ず恵みを与えられる。主がそれを聞いて、直ちに答えてくださる。（イザヤ書30・18～19）

聖書箇所：列王記下25・1～21、歴代誌下36・17～20、イザヤ書3・16～26、30・18～19、エレミヤ書39・6～10

22 ハダサ

エステル王妃のモノローグ

今となっては私は嬉しいのか、悲しいのかわかりません。私たちの民族が解放されたことは感謝なことです。そしてモルデガイ叔父様の成功を誇りに思っていますが、もやもやとしたわだかまりが残っているのです。

私は叔父様が宮殿に連れて来た頃の若い自分から随分変わってしまいました。私は活発で朗らかな女の子でした。宮殿にあがった一年目の年、周りからかなりの注目を浴び、最初の六か月はミルラ香油で、次の六か月は他の香料や化粧品で容姿を磨かれました。私はワクワクしてはしゃいでいました。そして同時に怖くて仕方ありませんでした。王様の前に出る日のことを考えると恐れおののきました。王妃になってからもまだビクビクしていました。

この宮殿で今でも享受しているすべての快適さが私の生活に馴染んで来て、しばらくしてその目新しさもなくなり、まるで私がそのような贅沢を享受するに値するかのように思うようになりました。その頃私のメイドと宦官たちから私の民族を脅かしている危険について進言を受けました。その時私は突然大人になりました。

これらすべてのことが起きてから、私は両親について、深く考えるようになりました。モルデガイ叔父様はずっと私の父であり、母であり、私は叔父様のことが大好きでした。このスサで私を育てるのは容易なことではなかったと知っています。

両親のことが記憶にあるのはありがたい。父と母がイスラエルの神と宮のこと、エルサレムでの我が民族の生活について教えてくれたことを覚えています。両親がどうして私をハダサと名づけたかを母から聞かされました。私は自分の名前が好きでした、だからペルシャ語でも同じだったらいいのにと思いました、もちろんエステルという名前も素敵だと思います。父は私のことを輝く目の小さなお星様と呼んでいたものです。母はいつも私をハダサと呼んでいましたが、父のこの特別な呼び方がお気に入りでした。

女中や宦官たちからユダヤ人たちが直面している恐ろしい危険について聞いた時、まず頭に浮かんだのは私の両親のこと、彼らがどんなに苦労したかでした。女中と宦官たちは王妃がユダヤ人だなんて夢にも思ってもいなかったので、そのことを打ち明けなければいけない時が来たと知りました。王宮への門の前で粗布をまとい灰をかぶって横たわっている叔父様のことを考えるといても立ってもいられませんでした。王宮にまで聞こえてくる泣き叫ぶ声に黙っていられませんでした。それは私の民族の嘆きの声と知っていました。叔父様のあの運命的な言葉、「この時のためにこそあなたは王妃の位にまで達したのではないか」。その言葉を聞いた時、イスラエルの神が私に期待しておられると悟りました。この言葉でクセルクセス王が私を王妃にした理由がはっきりと理解できました。私のプライドは崩れました。王が私を選んだのは私がそれに値する人間だったからではなく、神が私に特別な任務を与えたからなのです。私の名前の意味がものすごい勢いで私に迫って来て、私は両親をとても身近に感じました。

王の召しがないのに王の元へ行く決心をした時、神様がきっと私を守ってくれると確信していました。王の元妻ワシュテイのことを想いました。私が彼女のように美しいかどうか自信がないし、王が私のことを誇りに思ってくれているかどうかもわかりません。しかし彼女は失脚、私は寵愛を受けました。彼女が王と酔った客人たちの前に出るのを拒否したことを立派だと思います。彼女は自分の慎ましさのために大きな代償を払ったのです。この事件があったからこそ私に道が開け、我が民族を救うための役割を果たすことができたのです。

叔父様は実際は私の従兄弟ですが、叔父様と呼ばせてもらえてよかった。その方が何か安心感があります。同時に叔父様は私の両親と霊的に近いという貴重な存在です。モルデガイ叔父様このことは本当に大切なこと。歳を重ねてくると、叔父様が私にしてくれたことをより理解し、より深く感謝するようになりました。

何が私の心を悩ましているか話してもいいでしょうか。プリム祭の宴会が整えられた今、私たちの民族の将来を想います。この二、三か月ずっとそのことに思いを巡らしていました。

モルデガイ叔父様、私は殺された数千の敵のことを考えて悲しみに暮れています。確かにあの邪悪なハマンが叔父様のために用意された絞首台で吊され、処刑されたのはありがたいことだったと思います。叔父様が栄誉を受けたことを誇りに思うのですが、大きな悲しみが私を掴み放さないのです。確かに私たち自身を守らなければなりませんでした、しかしイスラエルの我らの神はこのことを喜んでおられない気がします。何か他に方法があったのではないかと思うのです。我らの神は復讐の神ではありません。イザヤの預言では私たちは異邦人に対して光となるはず。どうしてあんなことになったのかわかりませんが、母がよく私に唱えてくれたイザヤ書の美しい聖句が心から離れないのです。

こう言われる。わたしはあなたを僕として
ヤコブの諸部族を立ち上がらせ
イスラエルの残りの者を連れ帰らせる。
だがそれにもまして
わたしはあなたを国々の光とし
わたしの救いを地の果てまで、もたらす者とする。（イザヤ書49・6）

起きよ、光を放て
あなたを照らす光は昇り

主の栄光はあなたの上に輝く。
見よ、闇は地を覆い
暗闇が国々を包んでいる。
しかし、あなたの上には主が輝き出て
主の栄光があなたの上に現れる。
国々はあなたを照らす光に向かい
王たちは差し出でるその輝きに向かって歩む。（イザヤ書60・1〜3）

叔父様と父がエルサレム陥落そして捕囚への苦しい旅のことを数時間も話し込んでいたのを微かに覚えています。我が王の目が刳り抜かれたこと、王様の息子たちも殺されたことを話していた時、怖くて震えていました。ペルシャの王は残忍なバビロニア人たちのひどい扱いとは違い、私たちを優遇してくれたことを心から感謝しました。サイラスが帰還の許可を与えた時、叔父様も父もエルサレムに帰還したがりませんでしたが、ユダヤ人は民族として生き残らなければならないと言い張っていました。叔父様と父が興奮して身振り手振りで話していた時、母は憂鬱な目でその話す様子をじっと見つめていました。男の人たちはなんでこんなに国としてのイスラエルの生き残りに固執しているのかしらと呟いていました。母はそういう時揺り椅子を前後に揺らしながらイザヤとエレミヤの詩を口ずさんでいました。

ヤコブの家、イスラエルの全家族の主なる神のみ言葉を聞きなさい！

ヤコブの家よ／イスラエルの家のすべての部族よ／主の言葉を聞け。主はこう言われる。お前たちの先祖は／わたしにどんなおちどがあったので／遠く離れて行ったのか。彼らは空しいものの後を追い／空しいものとなってしまった。彼らは尋ねもしなかった。「主はどこにおられるのか／わたしたちをエジプトの地から上らせ／あの荒野、荒涼とした、穴だらけの地／乾ききった、暗黒の地／だれひとりそこを通らず／人の住まない地に導かれた方は」と。わたしは、お前たちを実り豊かな地に導き／味の良い果物を食べさせた。ところが、お前たちはわたしの土地に入ると／そこを汚し／わたしが与えた土地を忌まわしいものに変えた。祭司たちも尋ねなかった。「主はどこにおられるのか」と。律法を教える人たちはわたしを理解せず／指導者たちはわたしに背き／預言者たちはバアルによって預言し／助けにならぬものの後を追った。それゆえ、わたしはお前たちを／あらためて告発し／また、お前たちの子孫と争うと／主は言われる。

キティムの島々に渡って、尋ね／ケダルに人を送って、よく調べさせ／果たして、こんなことがあったかどうか確かめよ。一体、どこの国が／神々を取り替えたことがあろうか／しかも、神でないものと。ところが、わが民はおのが栄光を／助けにならぬものと取り替えた。天よ、驚け、このことを／大いに、震えおののけ、と主は言われる。まことに、わが民は二つの悪を行った。生ける水の源であるわたしを捨てて／無用の水溜めを掘った。水をためることのできない／こわれた水溜めを。（エレミヤ書2・4〜13）

あなたがたはその言葉を聞いていないように思います。母は嘆いていました。

私も悲しい。主はこの地、スサで私たちを繁栄させました。灰ではなく栄誉を与えてくれました。

我が民族が驚くべきやり方で守られたことを嬉しく思います。私たちを救ってくれたのは主です。

私が王の招きなしで王様に謁見しようとした時、王が杓を差し出し、私は死なずに済みました。これは神様の働きでした。アブラハム、イサク、ヤコブの神であり、私たちの神である主をもっと知りたい。あの偉大な預言者たちの言葉が記された巻物をヘブライ人たちに読んでほしい。私の目の前で読んでほしい。そうすれば、神は私たちに新しくみ言葉を与えてくださいます。ここまで私たちを導き出してくれたのですから、私たち民族は決して神を忘れてはなりません。

すべての民にプリムの祝祭を知らせましょう。「イスラエルは偉大な解放を覚えている」。この地スサでも過越の祭りを復活させましょう。そうすればエルサレムに帰還した者たちと自発的に亡命している者たちの間に共通の絆ができるでしょう。私たちは物質的な面で繁栄しましたが、イスラエルの神を知ることが私たちの命を豊かにし、清めて、新しいビジョンが与えられるのです。

モルデガイ叔父様、神を知ることだけが嘆きの代わりに喜びの油が私に注がれ、より良い王妃になれる道なのです。私の悲しみは喜びに変わり、賛美に浸り、我らの父である神に礼拝することができます。

ダビデは全会衆の前で主をたたえて言った。「わたしたちの父祖イスラエルの神、主よ、あなたは世々とこしえにほめたたえられますように。偉大さ、力、光輝、威光、栄光は、主よ、あなたのもの。まことに天と地にあるすべてのものはあなたのもの。主よ、国もあなたのもの。あなたはすべてのものの上に頭として高く立っておられる。富と栄光は御前にあり、あなたは万物を支配しておられる。勢いと力は御手の中にあり、またその御手をもっていかなるものでも大いなる者、力ある者となさることができる。わたしたちの神よ、今こそわたしたちはあなたに感謝し、輝かしい御名を賛美します。このような寄進ができるとしても、わたしなど果たして何者でしょう、わたしの民など何者でしょう。すべてはあなたからいただいたもの、わたしたちは御手から受け取って、差し出したにすぎません。わたしたちは、わたしたちの先祖が皆そうであったように、あなたの御前では寄留民にすぎず、移住者にすぎません。この地上におけるわたしたちの人生は影のようなもので、希望はありません。わたしたちの神、主よ、わたしたちがあなたの聖なる御名のために神殿を築こうとして準備したこの大量のものは、すべて御手によるもの、すべてはあなたのものです。わたしの神よ、わたしはあなたが人の心を調べ、正しいものを喜ばれることを知っています。わたしは正しい心をもってこのすべてのものを寄進いたしました。また今、ここにいるあなたの民が寄進するのを、わたしは喜びながら見ました。（歴代誌上29・10〜17）

私たちの先祖アブラハム、イサク、イスラエルの神、主よ、これをあなたの民の心の思い計ることとしてとこしえに御心に留め、民の心を確かにあなたに向かうものとしてください。

聖書箇所：エステル記

23　アンナの賛美と思案

アンナのモノローグ

　八四歳――私の時はもう残り少ない……でも私の人生は全うされました。この一生の間ずっと、この時を待っていました。今日シメオンがその赤ん坊を抱き、発した言葉を耳にした時悟りました。

　なんという人生だったか！　夫と暮らしたのはたった七年間、一人取り残され、子供もなし、父も他界し、愛する夫に先立たれ寂しい人生でした。

　この寺院は私にとって大切な場所です。女の庭ではいつも何かしら、やることがありました。多くの女たちが助けを必要としていたし、私は彼女たちを慰めることができました。断食をしたり祈ったりできる場所でもありました。これらの必要が満たされることで生きる価値を見出しました。み言葉を聞いたり、書記官が丹精を込めて、一生懸命写本している姿を見ているうちに私は悲しみを忘れることができました。ラビたちが声を出して、み言葉を唱えるその響き渡る音のうねりはいつも私の心にあります。

私は聖典を暗記し、日が暮れると自分自身そして人々にみ言葉を朗読しました。そう、その頃私は忙しく働き、幸せでした。過ぎ越しの祭りの祝いへとあらゆるところから人々が集まってきました。香を焚く匂いや犠牲の羊の焦げた美味しそうな匂いがそこら中漂っていました。

一番良かったのは、イスラエルの救いをずっと待ち望んでいたことです。そしてついにメシアを、贖い主を、イスラエルの聖なるお方を一目見ることができたのです。

ある若い夫婦がその幼子を神に捧げるために、生け贄の山鳩を捧げるために、宮の中庭へとやって来ました。若い母親の目がキラキラして、喜びにあふれた姿を見て心が躍りました。シメオンもその光景を目撃していました。シメオンがその赤ん坊を抱きかかえ、イスラエルの救いを成就する神を賛美しました。シメオンの顔がその栄光ある啓示で輝いていました。その時、私は自分がメシアを見たのだと悟りました。

そしてシメオンはこの若い夫婦を祝福し、「あなた自身も剣で心を刺し貫かれます」と母親に言ったのです。その時突然、その言葉の真意がつかめないので、幸せな雰囲気が一瞬にして怖れへと変わりました。

剣が心を刺す？　どういう意味なのでしょうか。私たちのメシアはイスラエルの王になるのか、それとも預言者イザヤが預言したように、苦しみの僕となるのでしょうか？

聖書箇所：ルカ福音書2・22〜38

24 テーブルから落ちるパン屑

カナンの女のモノローグ

（近所の人へ）ほら見て、この娘のほっぺたを触ってみて、冷たくて汗ばんでいます。昨夜は火照ってカラカラに渇き、呻きながら寝返りばかり打っていて、目はどんよりし……かと思えば突然体をひねって悶え苦しんでいました。悪霊に取り憑かれているに違いありません。この娘を痛めつけ、命を奪って、私から連れ去ろうとしているのでしょうか。市場の仕事を終えて家に帰っても、この胸に抱く子供の温もりも、私を待ってくれる人もなく、この寂しい部屋に私はひとり残されるのでしょうか？

突然、夜中にある話を思い出しました。イエスという男についての話です。それで、私は居ても立ってもいられない気持ちで、朝を待ちました。いろいろな話を耳にしました。

この男は足の萎えた人を癒し、悪霊を追い出し、盲目の人に光をもたらしたと聞きました。そしてその男は私たちの近くに来ているという噂を耳にしました。ユダヤ人たちがこの土地にやってくるのは珍しい――というのは私たちはユダヤ人とは何の関わりもありませんから。

でもユダヤ人であろうとなかろうと私はこの苦しんでいる我が子のために助けを求めに行きました。夜が明けてこれ以上待てなくなり、朝市へと向かう人混みの中を叫びながら駆け抜けました。「誰かユダヤ人のラビを見かけませんでしたか？」。私のことをジロジロと見る人たち、私を気が変になったと思い、嘲笑っている人たちがいました。ある婦人が私の足を止め、誰を探しているのか聞いてくれました。「私の娘が死にかけています！私はイエスという名の癒し主を探しています！」と叫びました。その婦人はイエスとその弟子たちを市場の近くで見かけたと教えてくれました。

きっと癒してくれるに違いない！　私は走り、彼に近づこうとしました。彼の付き添いたちが私のことを「犬」と蔑み、近づくなと押し戻されました。私は半狂乱で「豚どもよ、そこをどいて！」と叫びながら突き進みました。彼らの中心にイエスがいました。まるで私を待っていたかのようでした。どうか私の娘から悪霊を追い払ってくださいと懇願する私に慈愛に満ちた眼差しを向けました。きっと癒してくださると確信しました！

その時、イエスがとても奇妙なことを言われました。「まず、子供たちを十分食べさせなければならない。子供たちのパンをとって、子犬にやってはいけない」（マルコ7・27）。そう言いながら、弟子たちに鋭い視線を送りました。彼らは当惑し、混乱し、恥じていました。彼らが私のことを犬と呼び、私が「豚ども」と言い返したことを知っているに違いありません。イエスが私になのか、彼らに話しかけているのか、わかりませんでしたが、私は答えました。「主よ、しかし、食卓の下にいる小犬も、子供のパン屑はいただきます」（マルコ7・28）。そしてイエスは言われました。「それほど言うなら、よろしい。家に帰りなさい。悪霊はあなたの娘からもう出てしまった」（マルコ7・29）。

私はその言葉に真を見ました。家に一目散に走って帰ってみると、我が子が静かにマットの上に横たわり、夢見心地で眠りにつこうとしていました。

イエスがこの子を癒してくれました。でもどうやって？　測り知れないことです。でも確かに不思議な力で娘を癒しました。あのお方は自分の民だけを癒すのではなくユダヤ人もカナン人も同じように癒してくださる。

本当に嬉しい！　皆に伝えたい！　癒しが必要な人たちをあのお方の元へ連れて行かなければ。イエスはこの地域に留まるでしょうか？　私たちを助けるために、この地に住んでくれるでしょうか？　でもここに住まなくとも、私たちがお願いすれば、助けに来てくれると信じています。助けが必要な時はいつもイエスに祈ります。このイエスがどなたかを、私に何をしてくれたかを知っています。

ああ、愛しい娘よ、イエスはお前も私もそしてイエスを求める人なら誰でも愛してくださる。これから先もイエスの助けが必要になる時、何度でもイエスを探し出すことができると信じています。

聖書箇所：マタイ福音書15・21～28、マルコ福音書7・24～30

25 誰が最初に石を投げるのか?

姦淫の女のモノローグ

さあ、このおしゃべりたち! 私がどんなひどい身なりか、あなたたちに言われて初めて気づきました。香油をつけ、香水をふりまくと、夜の帳が下りる頃にはあなたたちの誰よりも綺麗に見えるように、着飾ることだってできます。馬鹿にしないでください。

皆が立ち去るまで、私たち二人だけになるまで待ってください。そうしたら、今日何が起きたか話してあげしょう。今日この日、私は誰にも内緒でここから出て行きます。これから何か月もここには帰って来ません。戻ってくる時には新しい自分を皆に見せるつもりでここを出て行きます。そして皆にも何をすれば幸せになるか教えてあげます。

まずおばあちゃんの家に帰ります。きっと喜んで迎えてくれて、家に住まわせてくれます。なんとか生活費を稼ぎます。ここで稼いだほどあげることはできないけど、きっとなんとかなります。おばあちゃんはこんなやり方で私にお金を稼がせたくなかった。私もこんな生活をしたくなかった。もうこれ以上ここにいるのは無理です。今日の出来事で私は心を入れ替えました。

皆居なくなったから、やっと話せます。なぜ皆私を妬んでいたのか。きっとあなたはわかっているし、私もです。あなたは永くここに住んでいて、私たちによくしてくれました。あなたの支えなしではやっていけなかった。あなたのここでの生活は若い時からずっと不幸だったでしょう。私たちのつまらない言い争いによく耐えました。いつもご飯の支度をしてくれているのに私たちの誰一人あなたにありがとうとさえ言っていません。今朝何があったか全部話してあげます。いいのか悪いのか、多分両方です。何をどういう風に説明したらいいかわかりません。

あなたはどう思いますか？　皆が噂しているこのイエスという名の男と出会いました。別に興味もなかったし特別会いたいと思っていたわけじゃなかった。でももしイエスがいなかったら、私は今頃この世にいません。

男たちはやきもち焼きです！　女よりひどい。今朝夜明け前のこと、何が起きたか話してあげます。男たちは朝早くこの場所を出て行って、若い男が私の側にいるのを見つけました。彼らは私たちをからかったり、ヤジを飛ばしたりしました。一人の男が「モーセの命令に従って女に石を投げよう」と言いました。男たちは私を小突き倒し、叫ぶ私を引きずり回し、「この女を壁の向こう側の採石場へ連れて行こう、そして皆で石を投げつけよう」と言いました。髭を生やしたパリサイ派の男が言いました。「神殿へ行き、イエスがなんて言うか試してみよう。イエスという男も確かモーセの律法を信じているはずだ」。

通りを抜ける時、人々が私たちをジロジロ見ました。私は怖くて死にそうでしたが、蹴ったりして反撃し、一人の男を噛んでやりました。そしたら、その男が私を思いっきり引っ叩きました。私に好奇の目が注がれました。

神殿へ着くと男たちの集団がいました。男たちは興味津々の様子でしたが、一人の男だけこの事態を心配しているようでした。私に何が起きようとしているのか気にかけている様子で、すべてを見通すような目で私を見ました。

この人たちのことは大嫌いです。男たちを睨みつけてやりました。でもこの一人の男は私の反抗心を和らげました。この男には私がそんなに悪い女ではないと思って欲しかったのです。不思議なことに、そういう私の気持ちを見抜いているかのようでした。突然私はこの人がイエスだと気づきました。

パリサイ人たちは、偉そうに言いました。「先生、この女は姦通をしているときに捕りました。こういう女は石で打ち殺せと、モーセは律法の中で命じています。ところで、あなたはどうお考えになりますか」（ヨハネ8・4〜5）。

憐れみ深いこのお方は私も彼らをも見ないで、かがみこみ、指で地面に何かを書き始めました。しかし彼らがしつこく問い続けるので、イエスは身を起こし、静かに言いました。「あなたたちの中で罪を犯したことのない者が、まず、この女に石を投げなさい」（ヨハネ8・7）。そしてまた身をかがめて地面に書き続けました。

騒動は止み、皆が静まりました。その声は男たちに届いたようでした。私の心臓のドキドキは止まり、息を潜めて待ちました。

長い時間が過ぎたようでしたが、ほんの数分だったのでしょう。その人は優しく言いました。「婦人よ、あの人たちはどこにいるのか。だれもあなたを罪に定めなかったのか」

（ヨハネ8・10）。

私が顔を上げてみると、私たち以外は誰もいませんでした。「わたしもあなたを罪に定めない。行きなさい。これからは、もう罪を犯してはならない」（ヨハネ8・11）。その声を聞いた時私は心臓が破れるくらいに泣きました。長年涙を流していなかったこの私が……。

これらの言葉を聞いた時、素晴らしい何かが私の中を貫きました。この時、私はこのような生き方をやめようと心に誓いました。

聖書箇所：ヨハネ福音書8・1～11

26

放蕩息子の母

母のモノローグ

息子よ、私は悲しい。こんなお祭り騒ぎの真っ最中にそんなに落ち込んでいるお前をみるのは。お前が幸せでなくては私は喜べません。永いこと苦しんでいたお父さんが喜び、慰められた姿を見るのは、喜ばしいことでしょう。お前の弟からは一言の連絡もなく、お父さんは毎日門の所に立っていました。弟のことが何かわかるかと期待し、行き交う旅人に声をかけていました。そしてついに、あの子が、弟が帰ってきました。私たちと共に喜んでください。弟がいない時にお前はどんなに私たちの祝福であり、助けになったか。私たちがいかに長男のお前に頼っていたか、お前は知らなかったのですか。お前がいてくれなかったら、お父さんも私もこんなに耐え忍ぶことはできなかったと思います。

弟がお父さんに自分の相続の分け前をくれとねだり、家を出た時、お父さんがどんなにうろたえていたか私とお前は見て知っています。なぜあの子がこんな美しい農地を家を捨てることを選んだのか理解できませんでした。お父さんの心は傷ついたけど、無理やり留まるよう説得したりはしませんでした。快く分け前を与え、あの子を行かせました。あの子の愉快な性格や笑い声、あのそそっかしささえ恋しく思いました。あの子の軽率さが子供の頃からお前をイラつかせていたのは知っていました。

お前はいつもきちんと、手際よく物事をしてきました。愛する息子よ、お前はいつも頼り甲斐があって、役に立ってくれました。多分私たちはそういうお前の存在を当たり前のことと思っていました。お前は私たちの大事な息子です。もしお前が反抗して、私たちから去って行ったなら、私たちの悲しみはもっと深かったでしょう。そして帰ってきたら、同じように温かく迎え入れたに違いありません。

お前が出て行かず、私たちのところに居てくれたことを神様に感謝しています！　周りの状況が悪くなり、食糧危機の噂を聞き、知らせも便りも入ってきませんでした。あまりの不憫さにお父さんや私がこのような大盤振る舞いをしたことがお前を怒らせることになってしまい、お前の弟への憎しみが強くなってしまいました。

私たちの気持ちがお前たち兄弟のどちらであっても遠ざかるなんてことはありえません。しかし、息子よお前は私たちから距離を置き、苦々しい気持ちを募らせています。

昨夜弟に贈った上着や、指輪や、靴、肥った子牛についてお前が不快感を表しながら話をした時、哀れなお父さんは途方に暮れていました。お前がこのような気持ちになるなんて、お父さんには思いも寄らなかったでしょう。私は母として、お前を理解しています。わかって欲しいのは、このことで、お前は自分自身を傷つけ、裏切っているのです。お前の気持ちが離れて行ってしまっていることをお父さんは悲しみ、苦しんでいます。そんな険しい表情をしないで。お前はこの家や美しい農地を去ったわけではないけど、でも実際、お前の気持ちが私たちから離れてしまいました。

どうか戻ってきて。弟がお前を必要としているし、私たちもお前を必要としているのです。お前のことを大切に思っています。お前なしではやっていけないんです、愛する忠実な息子よ。

聖書箇所：ルカ福音書15・11〜32

27 雄鶏が鳴く

中庭でペトロを目撃した女中のモノローグ

雄鶏が二度目に鳴いた時のあの男の顔を見ましたか？　あの男は幽霊のように青ざめて、急ぎ足で中庭から立ち去りました。あの男がイエスの弟子なのに嘘をついていることは最初からバレています。ガリラヤ人かどうかすぐに見極めがつきます。彼らの話し方で、誰だってすぐにあの弟子たちのことに気づきます。

あの惨めな男にイエスを知っているかどうか聞いたりして思いやりに欠けていました。中庭に入ってきた時、すでにあたふたしていました。火にあたりながら震えていたのに気づきましたか？　あの男を追い詰めなければよかった。面倒なことが起きた時、自分のご主人を見捨てるのを見るのは誰でも嫌な気持ちになります。私たち女中でさえひどい目にあうと一致団結しますから。

不思議なことが今年の過越の祭りの時期に起きています。興味津々です。あの役人がイエスを殴った時、頭にきました！　でも私にいったい何ができるというのです？　イエスに何をするつもりなのでしょう。役人たちはイエスがお金の両替人を神殿から追い出した日以来彼の後を追っていました。あの日のことは一生の語り草になりました。イエスは両替人の台や鳩を売る人の台をひっくり返し、鳩がそこいらじゅう飛び回り、羊が泣き喚き、コインがその辺り一面に散乱したそうです。残念ながらその場にいませんでしたが、きっと世にも奇妙な光景だったでしょう。貧しい人たちが散らばったコインを拾ったそうです。きっと今まで生きた中であんなにお金を手にしたのは初めてだったでしょう。両替人たちはとても腹を立てていました。ひどいもんです。ああやって貧乏人たちから掠め取っていたのですから。

まあそういう私たちだって騙されてきました。皆金儲けのことしか頭にないみたいです。どんなに頑張ってもその日暮らし……、雀の涙ほどを稼ぐために働いているだけです。でも働き続けます。身売りまでして食い扶持を稼ぐなんてことはしたくありません。そういうことはちゃんと母親が教えてくれました。哀れな母さんは身を粉にして働きました。

過ぎ越しの祭でこんなにたくさんの群衆をみたことがありますか。てんやわんやの大騒ぎです。バラバとイエスの話で持ちきりです。皆知っていることですが、バラバは人殺しです。イエスについて悪いことは聞いたことがありません。なのになんであんなに乱暴にイエスのことをこづき回すのでしょう。忍耐強く、親切で、思いやりがある人じゃないですか。イエスのことをもっと知りたかった。人が言うにはイエスは普通の人間じゃない、超能力があるに違いありません。イエスは癒すことができるし、腹を空かせた人たちを満腹にしたし、重い皮膚病に苦しんでいる人たちを癒すことだってできます。彼らはそのような方に何をするつもりでしょうか。なぜ彼はやり返さないのでしょう。もし私が彼の立場なら、そんな乱暴な奴らを蹴飛ばし、噛み付いてやります！

この騒々しさを聞いてごらんなさい。外には野次馬たちがいて、彼らの叫び声を聞くと怖くなります。門が閉まっていてホッとします。

あのペトロという男はどこへ行ったのでしょう。まるで自分がどこへ行くべきか知っているかのようにおおまたで去って行きました。私たちはさっさと仕事を済ませ、通りで何が起きているか見に行きましょう。

聖書箇所：マタイ福音書26・30～35、69～75、マルコ福音書14・26～31、66～72、ルカ福音書22・31～34、54～62、ヨハネ福音書18・15～27

28 腹心の友

ピラトの妻のモノローグ

正体を隠すために変装しなさい。こういうことを頼むのは今回が最後になるでしょう。でも今日いったい何が起きるのか知っておくべきです。今回は私は一緒に行けません。こんな時に外に出るのは憚られるし、気落ちしている惨めな夫を放って置けません。ここまで落ち込んで、苦しんでいる夫を今まで見たことがありません。虫の知らせか、何かとんでもない破滅的なことが私たちに起きそうです。イエスはそのような事態を避けたかった……でもピラトはついに群衆にイエスを引き渡してしまいました。

兵士たちの嘲り、怒鳴り声が聞こえます。押し合いへし合いの群衆を庭の窓越しに見ていると胸が押しつぶされそうです。泉の水飛沫や鳩の鳴き声が群衆の喧騒にかき消されています。こんなことがあっていいのでしょうか？　女たちの嘆き悲しむ声が聞こえ、深い悲しみが伝わってきます。彼女たちのところに行き、一緒に泣きたいくらいです。もはや誰も嘲けたり、ふざけたりしていません。

あの夢はまだ私の脳裏から離れません。鮮明なイメージで私に付きまとってきます！ピラトにイエスを釈放するほどの勇気があったらとつくづく思います。かわいそうな夫！彼も私と同じくらい取り乱していました。裁判の席に付いた後も私の伝言を読んで、なんとかイエスを助けようとしました。裁判所の中庭を行ったり来たりしていたそうです。

この事件は私たちに途方もない影響を及ぼすことになりました。これまで生きてきて恐ろしいことを何度か経験しましたが、今回の事件はまったく別物でした。ピラトと私はこの事件には責任がないというのは表向きのこと、これからの日々責任を感じて生きていくことになるのです。裏切り行為をしたという罪の意識に私たちを駆り立てるこの人はいったい何者なのでしょうか。ピラトの前に出廷した人のことでこれほどまでの気持ちになったことはありません。私に何が起きたのでしょうか。

ヘロデがこの正しいお方をピラトへ送り返すのではなく、彼自身の裁量で問題に決着をつけて欲しかった。この十字架刑とは無関係でありたかった。でもこのお方の苦しみは私にも何らかの関わりがあると感じました。

ペルシス、もう行く時間です。その衣装だと誰でもあなたのことを王宮の召使と思うでしょう。その変装姿で一〇歳は老けて見えます。ガックリと肩を落とした姿が今日がどんな日か物語っているようです。あなたがローマの貴族だなんて、それも地方総督の奥方の友人だなんて誰が想像できましょう。こんな恐ろしい国であなたという人が側にいてくれてよかった。私たちはイエスというお方を知ることの価値を分かち合えました。

私たちがフィリポ・カイサリアへ内緒で旅したり、ここエルサレムでもこっそり外出したことをピラトに打ち明けておけばよかった。何かを変えることができたかもしれません。いいえ、何も変わらなかったでしょう。ピラトはイエスを有罪にしたくなかったのです。イエスが無実だとわかっていましたから。私の夫への伝言が判断に影響を及ぼしたはずです。あの悪党のバラバではなくイエスを釈放するために夫は必死でした。しかし、結局夫は群衆を満足させたかったのです。役人としての地位を失い、挫折者としてローマに送還させられるかもしれないその恐怖に負けたのです。

この事件のすべてが私には理解しがたいことです。ユダの王？　ヘロデが狼狽えるはずです。もちろんピラトも。ユダヤ人はローマに支配されているのに王様を持つなんて許されるはずがありません。ピラトがイエスに彼が王様かどうか尋ねるとイエスは言いました。「わたしの国は、この世には属していない」（ヨハネ18・36）。イエスが何を言わんとしたのか理解してさえいれば……。イエスは王のような権限と威厳を持って答えたとピラトは言います。今となってはイエスのお陰で私は自分の夫のことを今まで以上に理解し、愛することができるようになったと言えます。

さあ、もう行きなさい、私に出来事のすべての報告書を持って帰ってください。イエスを最後まで見届けてください！　友よ、できることなら私も一緒に行きたい！　私が頼れるのはあなたしかいないのですから。日が暮れるまでには戻れるでしょう。過越の祭りが日没に始まるその前に恐ろしいことが……。

聖書箇所：マタイ福音書27・11～31、ルカ福音書23・1～25、27～28、マルコ福音書15・1～15、ヨハネ福音書18・28～40、19・1～22

29　過越の祭りの時

ペトロの姑のモノローグ

娘よ、なんと感謝なこと！　今年は過越の祭りにくることができました。エルサレムの洞穴は寒くて、ジメジメして、狭い穴の中に大勢の人が込み合って、本当に悲惨でした。ペトロがお前のことを呼んでいました。今朝ひどく打ちひしがれて、お前を探していましたが、また行ってしまいました。すぐに戻ってくるといいですが。あんなに冷静さを失った婿を見るのは辛いです。

彼は私に本当によくしてくれました。まるで自身の息子のように。お前たちはいつも私を歓迎してくれて、まるで自分の家にいるような気持ちにさせてくれました。私は本当に果報者です。

民衆が押し寄せてきて、すごいざわめきが聞こえてきます。いろいろな方言や外国語で喚き散らしています。こんなこと初めてです。あらゆる地域から人々が集まってきているようです。ペルシャ人、メデス人、メソポタミアやエジプトからもきているとヨハンナが言っています。皆それぞれ違った民族衣装を着ています。クレタ島の人を見ましたか？奇妙な格好です。ローマ人は一目でわかります。

なんと大勢の人たち！　この二、三日の出来事で私の心は掻き乱されています。興奮した群衆は昨日、ヤシの葉を振り、イエスにユダヤの王としての王冠を冠せようとしていました。

面倒なことは避けたいです。結局私たちはローマの支配下であり、カエサルに税金を払っている身なのですから。でも私たちは我らの王メシアに王になって欲しい。嫌な予感がして、イエスのことが気がかりです。

ペトロが取り乱していても不思議ではありません。奇妙な一連の出来事！　ペトロはイエスがメシアだと確信していましたが今となっては混乱しています。昨夜彼が来て、あの夜ゲツセマネの園で何が起きたか、兵士たちがイエスを連れて行ったことを話してくれました。彼の信仰が揺れ動いていると思いました。剣でイエスを守ろうとしたことはなかなか立派なことじゃないですか？　しかしペトロが言うには、イエスはそのような手荒な真似はしてほしくなかったようです。だから怪我をした兵の耳を癒したのです。イエスは何を意図していたのでしょうか！

　私はイエスがメシアだと信じています。私を癒してくれました。私が熱を出して、全身が熱くて、床の上を転げ回っていたあの日のことを決して忘れません。ペトロがイエスを連れてきてくれたので、私は良くなりました。このお方はメシアだと思いました。私があんなに完全に回復したことを覚えていますか？　まるで病気になったことが嘘のようにすぐ起き上がってもてなしができるようになりました。どうやって？　私はあのお方の力を体験したから言えますが、どんなことが起きても必ずうまくいくと信じています。あのお方は何にでも打ち勝つことができると心から信じています。

　私たちは全員イエスがどんな不思議をしてくれたかを知っています。病の人や重い皮膚病の人でさえ癒しました。腹を空かせた者に食べ物を与えました。彼が失敗したのをみたことありません。ペトロの信仰が強まるよう、励ましましょう。何が起きても、イエスが失敗することはありえません。私は彼がすべてに、死さえも打ち勝つと信じています。

聖書箇所：マタイ福音書8・14～15、26・69～75、マルコ福音書8・27～29、ルカ福音書22・54～62、ヨハネ福音書18・1～11

30 無冠の王

ペトロの妻のモノローグ

ペトロよ、私たちがすべての意味をわかってさえいたなら。あなたはイエスがメシアであり、ユダヤの王になると確信していました。なのにイエスは十字架刑につけられ、墓に葬られました。そんなことがあっていいのでしょうか。

でも、あなたはまだこれが終わりではないと言い、ここエルサレムに留まろうとしています。そうであれば、イエスの母上と私もここに残ります。この墓がイエスの最終の場所ではないと信じています。マリアもきっとイエスにまた会えると固く信じています。

あの中庭で起きたことを悔やむのはもう止めてください。あなたがイエスを三度否定するというイエスの預言がまさか現実になるとは思ってもみませんでした。でもあなたを責めたりしません。もう自分を責めるのはやめて前向きになってください！　イエスはすべてお見通しです。そうでなければ、ゴルゴダへ向かっていく時、あんなに愛情のこもった、同情的な視線をあなたに投げかけたりしなかったはずです。

この日、世界がひっくり返ったこの出来事はもはや正常な神経では耐えられません。イエスの母上の落ち着いた態度とイエスへの深い信頼がなければ気がおかしくなってしまいそうです。

安息日がもうすぐきます。いつものように、蝋燭に火を灯し、み言葉を読み、祈りましょう。きっとイエスも私たちにそうしてほしいと願っています。こうすることが、私たちの不安な気持ちを落ち着かせる唯一の方法です。私たちが礼拝することで、おそらく神様が何か示してくださり、事の次第を理解できるようにしてくれます。

マグダラのマリアと他の婦人たちも私たちと一緒に礼拝に行き、安息日の翌朝早く墓に行って、ご遺体に聖油を塗り終えるつもりとのことです。

不思議なことに、ピラトが「ユダの王」という碑文を変えようとする祭司たちを止めたとのことです。その碑文は誰でも読めるようにと、ヘブライ語、ラテン語、ギリシャ語で彫られていたのです。

群衆がバラバではなくイエスを釈放するように要求してほしいと心底祈りました。バラバは誰でも知っている通り、人殺しなのですから。

真に、イエスのことを悪くいう人は誰一人いなかったはずです。人々は彼を愛し、慕っていました。でもおそらくそれが問題の一端でした。だからピラトが恐れたのです。

私が理解不可能なのは、群衆がなんであんなに突然変貌したのかということです。数日前まではロバの足元に衣をおいたり、イエスに向けて椰子の枝葉を振ったりしていたのに。人々はイエスが王であるかのように賛美し、敬意を表していました。なのに今日になって、叫び始めたのです。「十字架にかけろ、十字架にかけろ！」。なんでこんなことになったのでしょうか。イエスは私たちのかけがえのない友、私の家に来てくれて、母の病気をなおしてくれました。

あなたとイエスは三年もの間親しい間柄でした。あなたが漁から帰って玄関を入った途端アンドレと二人揃って人間を釣る漁師になると宣言した日のことを忘れません。その時は意味がよくわかりませんでした。それから私たちの人生は変わり始め、生き方が広がりました。そのことを後悔したことはありません。

大変な時もありましたが、ガリラヤ湖で魚をとっていた漁師時代の古い生活にはもう戻れないに決まっています。

勇気を出して、ペトロ。ここは耐え忍んで、主を待つことが大事です。今日起きたことはそれだけで終わるのではなく、もっと大きな計画の一部に違いありません。

イエスが言ったこと、そして実行した素晴らしいことをどれひとつ忘れないようにしましょう。誰もイエスのように語った者はいません。イエスが癒した人たちのこと、腹を空かせた人に食事を与えたことなど考えてみてください。

詩編の作者は言います。「力を捨てよ、知れ／わたしは神」（詩編46・11）。どうか私たちが神様を信頼し、神の目的のために共に働けるようにしてください。

さあペトロ、礼拝の時間です。安息日の蝋燭に火を灯してください。

聖書箇所：マタイ福音書21・8、27・17～51、マルコ福音書14・35～72、ルカ福音書22・54～71、ヨハネ福音書12・12～19

31 最初のイースターの夕刻

クレオパの妻のモノローグ

親愛なる友たちよ、さあいったい何が起きたのか話してあげましょう。ちょうど家路へ半分近く来た途中のこと、私はかなり疲れていました。その時夫クレオパとシモンがエルサレムに戻る途中に出くわしました。なぜ彼らがエルサレムに戻ろうとしているのかわかりませんでした。エマオに出発する日の午後クレオパはかなり落ち込んでいました。永い結婚生活であんなに落胆して、沈んだ夫をみたことはありませんでした。私を待たずに先へ急ぎ、シモンと歩きながら話し合うことがあるからと足を早めて先に行ってしまいました。

クレオパはイエスがイスラエルを救う人になると望みをかけていました。なのに、そのイエスが十字架刑にされるなんて、耐えられないことでした。イエスが復活して、生き返ったと女たちが目撃した話をしてもまったく信じようとしませんでした。男たちはなんでも疑う傾向があり、女たちがいい加減な作り話をしていると常々思っているようです。

何が起きたか話すまでもう少し待ってください。クレオパとシモンはエマオに向かって歩いていたその時イエスが近づいてきて、一緒に歩き始めました。彼らはイエスだと気づきませんでした。その人が何を話しているのかと尋ねると、彼らは十字架刑についてだと答えました。彼らはその人が何が起きたか知らないことに驚きました。エルサレムに住んでいる人たち全員がそのことを話題にしていたからです。クレオパはその人に女たちが何を目撃したか一部始終を話しましたが、自分は信じなかったと言いました。

その時イエスは彼らに言われました。預言者たちが言ったことを信じないなんて物分かりが悪く、心が鈍いと。その人はメシアは苦しまなければならなかったと言いました。そして、その人はモーセの時代に遡り、イエスについて教えられていた聖書の箇所すべてを説明しました。

マリア、信じられないけど彼らはまだイエスだと気づいていなかったのです。クレオパたちはその人が言ったことすべてに心が燃えていたといいます。イザヤの預言どおり、メシアは神の苦しみの僕でなければならないとイエスは彼らを理解させました。

エマオに着いた時、クレオパはそのお方にどうぞ一緒にお泊まりくださいと招待しました。その時食事の席でその人はパンをとって祝福し、そのパンを割きました。突然彼らの目が開かれ、その人の手に釘の跡があるのに気づいて、イエスだと認識したのです。何か言おうとしたら、イエスは彼らの目から見えなくなったのです。

夫とシモンは女たちや弟子たちにそのことを伝えようとエルサレムへの道を急ぎました。私は彼らが戻る途中に出くわし、彼らに加わり一緒に引き返すことにしました。皆さんにこのことを話したくてうずうずしていました。さあ、クレオパが弟子たちに何を伝えるのか聞きに行きましょう。一言も聞き逃したくありません。彼らがイエスが語ったすべてをちゃんと記憶にとどめ、私たち全員に教えることができますように。

聖書箇所：マタイ福音書27・55～56、マルコ福音書15・40～47、ルカ福音書24・1～35

32 ペンテコステでのマグダラのマリア

マグダラのマリアのモノローグ

ヨハナ、この人混みから離れましょう。あまりにもひどい混乱状態でこれ以上ここにいるのは無理です。エルサレムでのこの五〇日間は私たち全員にとってあまりにも過酷でした。イエスが聖霊が降るまで私たちにここに留まりなさいと言われたことを覚えているでしょう。

復活の身体を持ったイエスを見ていなければ、このような日々は耐えられませんでした。復活の身体のイエスに気づいたあのお墓でのその日、イエスが何を言わんとしたかをやっと理解し始めました。

その頃、何回も繰り返して言いましたけど、イエスが後退りして私に言ったことで私がどんなに悲しかったか。「わたしにすがりつくのはよしなさい。まだ父のもとへ上っていないのだから」（ヨハネ20・17）。

彼が死ぬ前に香油を塗りました。そうやって私たち女は埋葬の準備をしました。イエスが復活し、生き返ったのを発見した時、きっとこのまま私たちと共にいてくれるに違いないと期待しましたが、でもイエスは私から離れて行ってしまいました。

ペトロはイエスの言葉を何度も私たちに教えようとしました。「わたしが去って行くのは、あなたがたのためになる。わたしが去って行かなければ、弁護者はあなたがたのところに来ないからである。わたしが行けば、弁護者をあなたがたのところに送る」（ヨハネ16・7）。

待っている間中、ずっとこのイエスの言葉の意味について話し合いましたが、私たちは理解に至りませんでした。

ヨハネは十字架にかかる直前のイエスの祈りについて話しました。その祈りを理解さえしていれば……。なぜ理解できなかったのでしょうか？　私たちがあまりも狼狽えていたからです。まさかメシアが十字架にかかるなんて思ってもみませんでした。私たちはなんという悲劇に遭遇したのでしょう。ユダは自分で首を吊ってしまいました。ペトロは昼も夜も泣いてばかり。私たちの唯一の喜びはイエスが復活したことでしたけど、イエスはまた去ってしまいました。

私たちの能力では理解不可能なことと思います。今日私たちに起きた聖霊のバプティスマはずっと待ち続けていたことです。私たち全員霊により生まれ変わったに違いありません。イエスがニコデモにそのことを教えていたではありませんか。

今朝突風が吹いた様子は奇妙でした。何かお告げを知らせるような圧倒的な力を感じました。何の前兆だったのか？　それはわかりません。

マタイが気に入って使っていたルアハ（息吹）という言葉が思い浮かびます。旧約聖書の中でよく使われた言葉だと言っていました。ルアハはモーセにもサウルにも来たし、ダビデも経験しました。古代の人々の素晴らしい功績にはこの不思議な力が背後にあったようです。

ヨハナ、この日不思議な力が私たち全員に押し寄せてきました。これが聖霊の力を表しているのでは？　私たちの身体は聖霊の宮であるとイエスが言っていたでしょう。

イエスが、私に「すがりつくのはよしなさい」と言ったとき、とても重要なことを明かそうとしていたとやっとわかりました。人間的な次元で友人、教師として彼に触ろうとしましたが、それは間違いでした。私が神のみ心に叶うためにはイエスの霊が私を捉えなければならないのです。この真理が徐々に私の心に浸透してきたので、やっと平常心を取り戻し、平安な気持ちになり始めました。

ペトロが今日どんな風に語ったか聞きました？　彼の言葉は燃える炭火のようでした。彼のメッセージに少なくとも三〇〇〇人が応答したといいます。

クレタ人、アラブ人、いろいろな国から来た人々が理解へと導かれました。私たちの仲間である男も女も証する勇気、自信を持って語る能力が与えられました。

そのような歓喜と改心を目撃したことはありますか？　人間の力を遥かに超える偉大な力がこの日発揮されたのです。

ペトロは彼らに宣言し、私の心は燃えました。「悔い改めなさい、めいめい、イエス・キリストの名によって洗礼を受け、罪を赦していただきなさい。そうすれば、賜物として聖霊を受けます。この約束は、あなたがたにも、あなたがたの子供にも、遠くにいるすべての人にも、つまり、わたしたちの神である主が招いてくださる者ならだれにでも、与えられているものなのです」（使徒2・38～39）。

聖書箇所：ヨハネ福音書20・1～18、使徒言行録1・14、2章

33 ドルカス、目がさめる

ドルカスのモノローグ

ペトロ、いったいここで何をしているのですか？　階下の方で、どよめきを聞きましたが、私はあのひどい苦しみの後、何がこの身に起きたか覚えていないのです。私は眠っていたのでしょうか？　何かとても身体が休められ、輝かしい新しい命が私の全身を貫いたような気分です。海や漁船が美しい。青い水、太陽の煌めきが私を満たし、私の魂すべてで神様を礼拝したくなります。

ペトロ、手を貸して、私を起き上がらせてください。のんびりと横になっている場合じゃありません。縫いかけの服があるのです。ヨッパの未亡人と子供たちはいつも助けが必要ですから。病気で休んでいた間、針仕事が山積みになりました。

あの女の子たちの洋服を一人ひとりの体型にぴったりに直したい。あの小さな身体はなんと愛らしい。でも悲しいかな、貧相な顔つきの痩せこけた子供たちが大勢います。教会の聖徒たちからの寄付で縫い合わせたこんな服で喜んで、ありがたがる母親たちの姿を見ると恥ずかしく思う時さえあります。

ペトロ、なぜ皆私が作ったコートや服を手にしているのでしょうか？　どれも綺麗で、きちんと洗濯しています。何のために？

皆とても嬉しそうです。でも涙を溜めている人もいます。なぜ皆泣いていたのでしょう。皆さん、来てくださってありがとう。確かに、私は病で床に伏せていて、痛みに悶えていました。でも突然その痛みが消えて、心地よい眠りにつきました。相当な時間眠っていたみたいです。ペトロが目覚めさせてくれた時、すべてが輝いて、美しかった。夢の中で空に浮かぶ雲と青い海が溶け合っていました。すべてが完璧に見えました。こうやって愛する仲間が側に来てくれて、嬉しい限りです。

本当に、なんで皆が服を持ち寄っているのかわかりませんが、私はもっともっと作るつもりです。もうすっかり元気になりました。最近事故で溺れた漁師のことを聞きました。

その未亡人を探し出して、そして子供たちを連れてくるように伝えてください。寸法を測ります。愛らしく無邪気な子供の時のその一人ひとりをどんな子か知っておきたい。自分の子供がいない女にとって、子供に関われること自体が喜びです。

さあ苦しみから解放されたことを皆喜んでください！　私たちの愛する主の癒しの技を感謝しましょう。

聖書箇所：使徒言行録9・36〜43

34 ヨーロッパの最初の改宗者

リディアのモノローグ

友よ、そんなに私を買い被らないでください。フィリピに教会ができたのは、最初から神のご計画だったのです。私たち女はこのご計画に関われ、なんと光栄なことでしょう。私たちの教会がここマケドニアで最初に設立され、その影響がどのように広がっていくか想像もつきません。パウロは福音を宣べ伝えるためにローマへ旅し、おそらくスペインまで足を延ばす計画をしています。

ローマ帝国中の商人たちが私の紫布を買いにやって来ます。でもフィリピはこの紫布や染料より遥かに価値のあるものをパウロが広めるための中心になりうる場所なのです。

私たちが川岸で礼拝をしているところにパウロとシラスが現れたあの日以来ずっとすご

いことが起きています。何人かの人は覚えているでしょうけど、あの頃はこの辺りには会堂すらありませんでした。あの頃イスラエルの神を礼拝するために静かに集う安息日は祝福でした。

パウロの説教は私たちを神に近づけ、霊と真で礼拝することを教えてくれました。ずっと求めていたのにここまで辿り着くのになんと永い年月がかかったことか。

若い時ティアティラに住んでいた頃、何かしっくりきませんでした。ギリシャ人として生まれましたが、幼い頃からディオニソスの儀式にはゾッとした気分にさせられました。

大人になり、『紫染めの家元』に弟子入りしました。弟子修行の後、家を出て、この街に移りました。多分商売で成功したいという野心があったのも動機の一つですが、私の故郷の神々には興味がなかったのもあります。私がいかに物質的に祝福されていたかご存知でしょう。私に特別な才能があったからではなく、紫染めの家元に生まれ合わせたこと、ローマ世界は皆がこぞって高貴な紫布を求める時代に生きているからだと思います。私の家族は皆私と一緒に洗礼に与りましたが、もっともっと学ぶ必要があります。私の魂は福音をより深く知りたいと飢え乾いていました。パウロから学び、私の心は燃えました。突然、新しい観点でそのすべての意味を悟りました。この新しい福音は今まで私が学んできた律法の教え、預言者や歴史の書の成就であることの理解へと至りました。

やっとパウロと彼の仲間が我が家への招待を受けてくれることになり、嬉しい限りです。私たち皆が彼の教えを必要としています。あの頃はまだ私には理解が及びませんでした。でもキリストを信じ、受け入れると決断した後、聖霊がすべてを明らかにしてくれたように思います。

新しい改宗者が日々起こされ、彼らを我が家に招き入れ、指導することができるのは大きな喜びでした。自分たちではあまり意識しませんでしたが、ここフィリピで教会が形成され始めていたのです。

数年後、集会のためにより広い場所が与えられました。それにパウロに献金を送ることもできるようになりました。パウロが天幕の布を織ることに貴重な時間を費やさなくて済み、あちこちと伝道旅行をするために援助ができることを嬉しく思います。

今夜集まったのは私たちの宣教師パウロにさらに献金を送る準備や彼の働きのために祈

るためです。なんという祝福の交わりでしょう。私たちの教会が信徒たちを一つにし、その交わりが我々信徒を支えているからこそ、この混乱した異教の街で生き抜くことができるのです。

さあ、感謝の気持ちでこうべを垂れ、エパフロデト兄弟にイエスが教えてくれた祈りへと導いてもらいましょう。

聖書箇所：使徒言行録16・11〜15、40

35

織り機に向かうプリスカ

プリスカのモノローグ

アキラ、織り機のことでちょっと手を貸してください。夜が明けてすぐ織りはじめて良かった。この調子で織って、日が暮れるまでにこの天幕を仕上げなければなりません。今日はパウロがイザヤの言葉を復唱してくれると嬉しい。きっと仕事が捗ります。

彼は織るのが速いこと！　両方の手が空中を飛ぶように往きかう。彼のその早技には脱帽するばかりです。手元のヤギの毛の束を見ないで織れるなんて！　彼の持つシャトルはいつも正しい位置、方向へと滑っていく。さあパウロが起きてきました。

おはよう、パウロ。昨夜はゆっくり休めましたか？　コリントへ送る書簡を書くためにいろいろ考えたり、祈ったりして一晩中寝れなかったなんて、よくありません。さあ、パンと蜂蜜と山羊のミルクで朝食を食べてください。私が気にかけないと、食べるのも忘れているでしょう。

パウロ、今日はあなたなしでは仕事になりません。み言葉もあなたのその両手も必要です。明日はお客様が天幕を受けとりに来るから今夜までに織り終えなければなりません。あなたのみ言葉を聴きながら、三人で力を合わせれば、今日中に終えることができます。あっという間に天幕が完成するに違いありません。

庭に咲いたすみれやヒアシンスの香りを嗅いでみてごらんなさい。この新鮮で甘い香りが心と身体に染み込んでいきます。この黒い天幕を背景に色合いがとても鮮やかに見えます。

犠牲の小羊のことが記されているイザヤ書のあの春の日々に思いを馳せています。ガマリエルも教えたとのことですが、イザヤが我らが主イエスのことを預言したと聖霊が語っています。

彼は軽蔑され、人々に見捨てられ／多くの痛みを負い、病を知っている。彼はわたしたちに顔を隠し／わたしたちは彼を軽蔑し、無視していた。（イザヤ書53・3）

イエスが私の悲しみ、嘆きを背負ってくれたことを知っています。私もアキラもイエスを信じたからこそ、ローマからの追放に耐えることができました。あの迫害の記憶が薄れていくのは不思議な気持ち、そして物事はいい方向へと進みました。このエフェソで自分たちの寝床、集える教会があるなんて素晴らしい。そして何よりもありがたいのはパウロ、あなたが共にいることです。

屠場に引かれていく羊の箇所、復唱してください。モーセとアロンの時代から司祭が備えた犠牲の羊が私の心に浮かぶようです。一三〇〇年もの歳月が過ぎ去り、ついに神の時に神のひとり子、完全なる者が十字架にかかり、私たちの贖いのために神の小羊となられた。

ヨハネがイエスは世界の罪を取り除くための神の小羊だと、宣言したあの日、あなたもパウロも私たち誰ひとり想像すらできませんでした。イエスだけがヨハネが言ったことを知っていました。ペンテコステの日についに弟子たちが理解に至ったのです。十字架と復活から四〇日以上も経った後に、やっと。

弟子たちは三年間イエスと共に過ごしましたが、その彼らさえまだ理解していませんでした。ステファノが石打ちにされた時のことを思い出すと心が痛みます。彼の殉教により謎を解明することができました。悲しまないでください！　悪い行為でさえ善きものをもたらしました。ステファノの証は無駄ではありません。

あなたが記した手紙のお陰でこれらの出来事の意味を理解できるようになりました。律法、預言書、詩編に書かれているイエスに関することすべてが成就されなければならないと悟りました。古代の聖書記者のようにあなたの書いた手紙もまた神の言葉のように感じます。教会の聖徒たちは何度も何度も繰り返し聴きたがっていて、宝物のように大切にしています。今あなたが執筆中のコリントの信徒への手紙に引用したイザヤの書に想いを巡らせたいと思います。

目が見もせず、耳が聞きもせず、人の心に思い浮かびもしなかったことを、神は御自分を愛する者たちに準備された。（一コリント２・９）

パウロ、私はお喋りが過ぎてしまいました。どうぞ朗読してください。その後話します。

申し訳ないけど、こうすれば、この深い奥義を理解できそうです。私の霊的な洞察についてのあなたの意見には頭が下がります。アキラと私にとってあなたとの友情がどんなに大切なものかご存知ないでしょう。私のことをプリスカと呼んでくれて、なんてありがたい。私たちに聖書に何が書いてあるかを教え、解明してくれたのはあなたなのです。

あなたとアキラに何度も聖書のみ言葉を繰り返し読み上げていたとまったく気づいていませんでした。預言者の書と同じようにあなたの手紙を読んで聞かせたい。私たちの時代に向けて神が語っておられ、その次の時代の人々にも語ってくださることを願います。全人類を救うための神のご計画の奥義を理解するためにあなたの書簡を人々が求めることになるでしょう。

まあ、パウロ、天幕作りのあなたの割り当て分をもう終えたのですか。アキラもほぼ終わっているようです。私は日が暮れるまでに糸の始末をしておきます。この天幕が完成したことはとてもありがたい。こうやってエフェソで仕事ができて、生計が立てられるのは神の恵みです。

お陰で、パウロが書き物を終えるために数日間考える時間が与えられ良かったです。さあ今夜は目を休め、たっぷり睡眠をとって、明日に備えて気持ちを新たにしてください。神のご計画を進めるために、あなたの働きが必要とされているのですから。聖霊が住まう幕屋であるご自分の大切な体を大事にしてください。

聖書箇所：使徒言行録18・1〜3、18〜28、ローマの信徒への手紙16・3、コリントの信徒への手紙一16・19、テモテへの手紙二4・19

36

荒野の声

サロメのモノローグ

もっと早く私を見つけて欲しかった。なぜかわからないけど、あなたには本当のことが言えます。でも私は決して幸せにはなれない女だと言ってもあなたは私と結婚したいでしょうか？　あなたの妻になれるのは、名誉なこととわかっています。ヘロデ王の宮殿に住むハルキスの女王になり、国の硬貨に自分の肖像が彫られるなんて、どんな女性にとっても光栄なことです。今までの人生いろいろな地域の宮殿に住みました。ローマ、ガリラヤなど。でもティベリアスの宮殿で起きたことは思い出すのも耐え難いです。

本来陽気で、いつも踊っている女の子でした。欲しいものはすべてあったし、幸せで、安心感もありました。なのに、ある日突然母の不満げな様子を感じとったのです。同時に恐怖に襲われました。私の土台が崩れ落ちるような感じでした。戸惑い、途方に暮れ、愛されていないと思いました。母が父を嫌いになったのは私のせいなのかと悩んだりしました。罪悪感を感じました、でもなぜそんな気持ちになるのかわかりませんでした。

父のことは大好きでした。母が父の弟と結婚するために父の元を去ったとき、私は敵意に満ちた怒りっぽい子供になっていました。

その当時私の叔父であるヘロデ・アンティパスがガリラヤの領主でした。叔父は時々ローマに来て、我が家で過ごすことがありました。初めから母がその叔父と彼の地位に関心があると感じ取りました。幼いサロメが何か気づいているなんて大人たちは夢にも思わなかったようでした。でも父が気づく前に私は何が起きているのかを知っていました。


そのころの私には何が正しくて、間違っているのかということには意味がありませんでした。ただ私はもう自分じゃない気がしました。いつもしていたことができなくなって、踊ることにさえ興味を失いました。そして吃るようにさえなりました。きっと頭の悪い子のように見えたに違いありません。

ヘロデは自分の仕事に戻りましたが、またすぐに母の所に戻ってきました。その時母と私は父の元を去り、ガリラヤへと叔父と一緒に向かいました。その時はいったい何が起きているかわかりませんでしたが、まもなく気づきました。母は自分の夫の弟と暮らし始め、夫婦のように振る舞っていました。

父は私を手放したくなかったし、私も父から離れたくありませんでした。でも船の旅や冒険という誘惑に負けました。母と離れたくなかったのも本心でした。でも私としては両親に一緒にいて欲しかった。

そして、母と私は出発しました。最初は目新しい景色や出来事でウキウキしていました。普通の子供がそうであるように、その日その日を生きていました。しばらくの間家族が壊れてしまった時の不安感は消えていました。

再びダンスに興味を覚えました。日々成長し、生き生きと過ごしました。毎日夢中で踊りました。私のベールのブルー、ローズ、ラベンダー、グリーンがキラキラ光り嬉しかった。そのさまざまな色のベールで肌をあらわにして踊ると満たされた気分になりました。この激しく身体を動かすことと叔父やその友人たちから注目を浴びることを満喫していました。

しかし突然、黒い雲が私たちを覆いました。私たち家族に緊張が走りました。洗礼者ヨハネという男が荒野からやって来ました。その男は人々に悔い改めと洗礼を迫っていて、街の人たちの間では彼の噂でもちきりでした。彼は私の継父が私の実父の妻と結婚したことを公に非難したのです。母がどんなに激しく怒り狂ったことか。

叔父である継父も動揺し、恐れていました。ヨハネが投獄されるまで母は継父にどうにかして欲しいと迫る日々でした。私は一言も口を挟めませんでしたが、心の底ではヨハネが正しいと思い、同情していました。

母の激怒は目も当てられぬほどでした。継父と私はヨハネの口がふさがれるまで母がこの怒りをおさめることはないとすぐに悟りました。継父へロデがヨハネの処刑をためらっていたので母との意思のぶつかり合いが続きました。

まもなくへロデの誕生日が来ました。近隣諸国の役人たち、ガリラヤの指導者たちを招いて晩餐会が催されました。洗礼者ヨハネのことや母の怒りのことはすっかり忘れていました。晩餐会のことと叔父の頼みで客人たちの前で踊ることになっていたので頭が一杯でした。

その日は朝から念入りに入浴、香油塗り、香水をかけ準備しました。母は喜んでおり、幸せそうに見えました。晩餐会のステージに入る前には珍しく私を褒めてくれました。

私は我を忘れて踊りに酔いしれました。しかしその時がついに来ました。私は恐怖に怯え、踊りを中断しました。ヘロデが立ち上がり、「私が願うものはなんでもあげよう！たとえ国の半分でも」と皆の前で誓ったのです。客人たちは息を殺して待っていました。何を願ったらいいのかわからなかったので、出入り口のところからその様子を見ていた母の所に走り寄り……その時母は「洗礼者ヨハネの首を！」と言い放ったのです。私はまるで夢遊病者のように、晩餐会のホールへと戻り、言いました。「洗礼者ヨハネの首を盆に載せて、この場でください」。

今でさえ、そしてその後ずっと私はこれ以上何も言葉にできないのです。

そう、母はヨハネの声を永遠に塞ぎました。しかし彼は私の心の暗闇で叫び続けているのです。

聖書箇所：マタイ福音書14・1～12、マルコ福音書6・14～29、ルカ福音書3・18～20

37 医者ルカの訪問

イエスの母マリアのモノローグ

ルカ先生、テオフィロ様への長い手紙を書かれているとお聞きして、嬉しく思います。できる限りのお手伝いをさせてください。もっと度々、我が家にお越しになってください。イエスについてお知りになりたいことはすべてお話しします。

ザカリアとエリザベス夫婦のことから始めましょうか。ご存知のようにエリザベスは私の従姉妹にあたります。私よりかなり年上ですが、とても仲良くしていました。イエスがお腹の中にいた時三か月もの間丘の上にあるエリザベスの家に滞在させてもらいました。この時のことはもう少し後でお話しします。

ザカリアとエリザベス夫婦は悲しいことに子供に恵まれませんでした。ある日、ザカリアが主のみ前にお香を焚いていた時天使ガブリエルが現れ、妻のエリザベスに赤ちゃんが授かること、ヨハネと名づけなさいというお告げがありました。ザカリアは驚きのあまりそのことを信じることができませんでした。それから一年もの間ザカリアは口がきけなくなり、手振りか筆談でしか物事を伝えることができなかったのです。ザカリアが口をきけるようになったのは生まれた赤ちゃんが割礼を受け、ヨハネと名づけられた時でした。この出来事は皆さんご存知でしょう。これらの一連の出来事はこの地域で何年にも渡り、語り継がれました。実際にその出来事を目撃した人たちも何人かいるので、他にも何か付け加えるかも知りません。

ルカ先生、私が長い年月の間、どんなに心の中で思い巡らしたことか、想像もできないでしょう。ペンテコステの時に聖霊様がより完全な形で明らかにされたのです。その時やっと私の息子の誕生、死、復活の神秘が理解できるようになったのです。

まだ少女だった頃これらすべてのことが私の理解を超えていました。ヨセフの夢のおかげで本当に助かりました。もしその夢がなかったら、彼は誰にも何も言わず私から離れて行ったことでしょう。ヨセフが私と私の息子を守り、愛してくれたことを心から感謝しています。ヨセフのこの理解ある愛情なしには従姉妹のところからナザレに帰ってくることはなかったでしょう。エリザベスは最初から私に起きた不思議なことを理解しているようでした。私が訪ねて行った時彼女はまるで私が神様の母親かのように迎えてくれました。昔、子供の時暗記していたハンナの美しい祈りが預言的な力を持って私に迫ってきました。エリザベスが私を迎えてくれた時私がどんな様子だったか、先生の記録に付け加えてください。

ヨハネと命名された時のザカリアの預言の一語一句ご存知ですか？　もしよかったら、私は一句一句覚えているので、お伝えします。

不思議な素晴らしいことが私に起きました。最初天使の声で「あなたは神から恵みをいただいた」とお告げがあった時、私は戸惑い、このお声の意味についてはてなと考えました。私が男の子を産む、その子をイエスと名づけなさいと言われました。男の人を知らないのにどういうことだろうと思いました。そしてこの美しい言葉が聞こえたのです。「聖霊があなたに降り、いと高き方の力があなたを包む。だから、生まれる子は聖なる者、神の子と呼ばれる」（ルカ1・35）。

「わたしは主のはしためです。お言葉どおり、この身に成りますように」と答えるのが精一杯でした。

天使がエリザベスが妊娠六か月だと教えてくれました。その知らせを聞いてすぐ従姉妹のエリザベスの元へ訪ねていき、彼女が出産するまでそこに滞在しました。本当に貴重な時間を過ごせて、一生の思い出になりました。ルカ先生、あなたは医者ですから妊娠している女性同士が三か月ともに過ごせるなんてどんなに意味深いことか、きっとおわかりでしょう。


その後婚約者のヨセフが待っているナザレに戻りました。各人全員が住民登録をすべしという皇帝アウグストゥスの布告をご存知でしょう。ヨセフと私はダビデの血筋を引いている家系の出なのでベツレヘムに行くことになりました。その頃、時が満ちて出産を迎えました。

素晴らしいことが起こりました。私の赤ちゃんの誕生、愛らしい姿、美しい身体……。生まれたその日、言葉では言い表せような愛情のこもった目で私を見つめたのです。

私は羊飼いたちそして賢者たちが言った言葉を一句一句心に刻み、とくと考えてみました。

イエスがどんなに私とヨセフを大切に思い、献身的だったか言わなくてもおわかりでしょう。彼は子供だった時から賢く物事を深く理解できました。過ぎ越しの祭りにエルサレムに彼を連れて行った時のことは決して忘れられません。家路へ帰り始めた時イエスがいないことに気づき、捜しに行き三日後に宮でラビたちの間に座っているイエスを見つけました。イエスは私たちに言ったのです。「どうしてわたしを捜したのですか。わたしが自分の父の家にいるのは当たり前だということを、知らなかったのですか」（ルカ２・49）。ラビたちの注意はイエスに注がれていて、イエスの深い理解に驚いていました。イエスは私たちと一緒にナザレに戻り、いつものように私たち親の言うことをよく聞き、従順に暮らしていました。イエスは知恵が増し、背丈も伸び、皆に愛され、神が愛するかのように人々を愛しました。私はこれらの記憶をすべて心に収めています。

ルカ先生、またお越しになってください。もっと積もる話がありますから。幼子のイエスを宮へ連れて行った日のこともすべてお伝えしておきたいです。その宮でシメオンとアンナがイエスが彼らが待ち続けた救い主であると気づいたのです。シメオンは幼きイエスを彼の腕の中に抱き、祝福しました。その祝福の言葉すべてを教えて差し上げます。そしてシメオンがイエスの母である私に言ったこともお教えします。

では次回来られるまで私はその頃のことをじっくり思い出し、私の息子の世にも稀な素晴らしい人生を知っているすべてを語り尽くしましょう。

聖書箇所：ルカ福音書1・2、使徒言行録2・1～4

38 フェベ、ローマへの宣教

フェベのモノローグ

プリスカ、こんなに歓迎されるなんて、夢にも思いませんでした。まだこちらに来て三日しか経っていないのに、パウロやあなたがた多くの同志たちに出会えました。ここでは一人になることなんてあるのですか？　まるで聖人たちがひっきりなしに出入りしているようです。たった今出発した女性三人は貴重な存在です。ペルシスは聖霊で輝いて、美しい。トリファイナとトリフォサも素晴らしい。彼女たちの熱心な働きのことをパウロから聞きました。こんな風に外見も行動もよく似ている女性二人に会うのは初めてです。なるほどこんなに献身的な男女が多くいるから、揺るぎない教会となるのですね。全員で集まる集会が待ち遠しいです。

パウロが出席できればいいのにと思います。彼はとてもローマに来たがっていたのです。彼が何かを計画すると毎回何がしかの邪魔が入ってしまいます。パウロはエルサレムの貧しい人々への贈り物を届ける今回の旅行の後、スペインへ行く途中でこちらに立ち寄りたいと願っています。彼は神のみ心によってこの街へ来れるよう日々祈っています。

彼の手紙を読んだ後、今回彼が来れなかったことは案外いいことかもしれないと思い始めました。彼が書き留めた言葉をじっくり考えたり、話し合ったりすることにとても意味があると思います。今夜彼の手紙を全部読み上げますか？　もちろん一句一句聞き逃したくない気持ちです。出発する前にパウロが私にこの手紙を読む機会をくれたことがありがたいです。すべてを理解するのは一生かかると思います。

あなたがたのように律法、預言書、諸書の知識があったらいいのですが……。あなたがたはパウロの教えをとてもよく理解しているようです。アポロはいつもあなたがたから教えを受けたことに大きな恩義を感じていました。

神様のなさることは摩訶不思議です。アキラよ、ローマからの追放はあなたがたにとって大変な経験だったでしょうが、そのような悲劇から大きな祝福がもたらされました。クラウディウス帝が亡くなったので、あなたがたは自分たちの国へ戻れました。アキラとあなたがしてくれたことは本当にすごいことです。あなたがたの苦労を考えると自分自身が恥ずかしい。私はいつも守られてきて、何も考えずに快適で、苦労なしの人生を歩んできました。私の目がついに開かれたことを神様に感謝したいです。私はといえばあんな悪名高い港町の中の大邸宅で多くの召使たちに囲まれ何不自由なく暮らしていました。貧しい人々、さげすまれた人々を気にも留めませんでした。

数千人の人たちが新しい生き方を求めていることに気づきました。女たちも生き方を変えてみたいと思っていますが、身体的にも精神的にもがんじがらめでどうにもなりません。彼女たちはキリストが浄め、赦し、自由を与えようとしていることが今一つ心に響いていません。多くの人々が着るもの、食べ物に困窮しています。ローマで援助の手が広がっているように、私たちのような小さな教会でさえ彼らの心、身体両方の面から援助の手を差し伸べようとしています。私の性格としては、キリストの福音を述べ伝えることより、物質的な面で助けるほうが向いているように思います。

パウロのこの手紙があるから助かります。手紙にはアブラハムとイサクの契約について書かれています。そしてユダヤ人と同じように異邦人への約束についての説明が続いています。さらにホセアやイザヤの預言にもいくつか言及しています。私にこの手紙をもっとわかりやすく説明してください。キリストのことを聞いたことがない異邦人へきちんと教えたい。彼らが理解し、受け入れることができるように。

私はつまらない、取るに足らない人間です。でも聖霊の助けを得てできる限りのことをしたいのです。

パウロはキリストの恵みに新しい理解を示してくれました。「恵み」。なんと美しい響き！　パウロははっきり言います。罪が増し加わるところに神の恵みが満ち溢れますと。この言葉を聴くと、私たちに新しい希望が湧いてきます。すべての言葉を記憶に留めて、ケンクレアイの自分の教会に持ち帰りたいです！

こんばんは、アキラ！　プリスカと私はまだ会話を楽しんでいますが、あなたの奥さんのプリスカは多忙にも関わらず、時間をやりくりして私たちの食事を整えてくれています。

天幕の布をもう片付けましたか？　私も織り方を習って、新しい技術をケンクレアイの私の教会に紹介したいです。でも何よりも重要なのは、我が主、救い主であられるイエス・キリストの福音の新しい理解を教えることです。

聖書箇所：使徒言行録18・24～28、ローマの信徒への手紙16・1～16

39 テモテの祖母ロイスと母親エウニケ

エウニケのモノローグ

まあ、なんという手紙！　お母さんと私の名前が出ています。この手紙を私たちが預かれるといいのですが。何度も読みたいものです。最初の手紙よりまた一段と素晴らしいと思いませんか？

かわいそうなパウロ、牢屋に入れられています。かわいそうなんていう表現は当てはまらないですが……。パウロは神様の目に豊かで、鎖に繋がれていてもキリストを証する機会を得て、輝いているでしょうから。

テモテがパウロを訪問できる日が早く来ますように。パウロの手紙には彼がいかにテモテを待ち遠しく思っているかがわかります。マント、本、羊皮脂がまだトロアスのカルポの家にあってテモテがパウロの所へ持って行けますように。夜になるともう寒いから十分暖かくしているといいですが……。牢屋はきっと寒くてジメジメしているでしょう。パウロの手紙によると、冬になるまでにテモテにマントを持って来させて欲しいと書いてあります。

ということはうちの息子は当分の間留守することになります。もちろん我が家に立ち寄るくらいはできるでしょう。ローマへ行く途中にある教会へパウロの手紙を持って行くでしょうし、うちに長く滞在することはできなさそうです、その心積もりでいましょう。

その通り。パウロは私たち以上にあの子、テモテを必要としているのですから。使徒パウロがどんなに苦しんだことか。鞭を打たれ、叩かれ、石打ちにされ、船が難破したり、空腹や寒さで震えたり……でもそんなに大変なのに、教会のことを日々気にかけて心配しています。

テモテがいつか苦しみを受けるのではないかと恐れているのを知っていますよ、お母さん。テモテはまだ若い、この先どうなるかは神様だけがご存知です。

でもお母さん自身、信仰のために苦しみました。親かイエス様どちらかを選ばなければならない葛藤を思うと、私は取るに足らない者、頭が下がる思いです。お母さんの父上も母上もきっと苦しんだことでしょう。祖父母は献身的に神を信じていたので、イスラエルの神より人間であるイエスを重んじていると思ったのでしょう。何歳頃の話だったか、三〇歳になっていたでしょうか。あの頃の悲しみを今でも朧げに覚えています。祖父母がパウロの説教を聞く機会があったら良かったのに。祖父が止めなければきっと祖母は聴きに行っていたに違いありません。

どうですか？　お母さんはお祖母様にキリスト者もユダヤ人も同じ永遠なる神を礼拝すると理解させることができましたか？　私は祖母がその真理の奥義を理解し始めていたと心の中で信じています。祖父はお母さんが私に聖典を教え続けていたことを心から喜んでいました。お母さんが律法、預言書、聖なる書物を徹底して学ぶことができたのは祖父のおかげだとつくづく思います。テモテと私はお祖父様から多大な恩恵を受けました。お祖父様が幼いテモテが聖典に深く根ざしていることを見届けたのは感謝なことです。

ええ、お母さんは異邦人との結婚を通して苦しみました。でも愛は苦しみに勝り、私たち家族はユダヤ人とキリスト者、ユダヤ人と異邦人が団結しました。私たちが問題を解決したのではなく、愛により解決できたのです。それはお母さんの中にいる聖霊の力、その聖霊がお祖父様の心を和らげました。パウロがよく言っています。ユダヤ人とかギリシャ人ではなく、私たちはキリストにあって一つであると。そのことは真実です。

テモテの父親が生きていたら、どんなことになっていたでしょう。多分私は主婦として一日中家にいることになったでしょう。でもこうやってテモテが聖書に精通するという神の目的が成就しました。お母さんの助けなくしてどうやってテモテに教えることができたでしょう。それに、私の留守の間お母さんがテモテの面倒を見てくれました。私自身なるべく家にいて、母親として子育てに時間を取ることができました。もしお母さんがいなかったら、私はきっとテモテを息苦しくするほどに構ったかもしれません。私たち二人はテモテに対して少し過保護だったようです。パウロはテモテが臆病なところがあって、時にはちょっとしたことに怖がると言っていました。私はテモテをみる時、時々彼の中に彼の父親の姿や性質を見て、悲しい気持ちになります。私たちはお互い未亡人生活の孤独を身に染みて知っています。

六年間だけの父親でしたが、父子がとても仲が良かったことは感謝です。父親を失うことは繊細な少年にとってきっと辛かったと思います。パウロがテモテをキリストへと導いてくれて、なんという祝福でしょう。私たちのテモテは霊的な父を得て、そして間もなくパウロが地上の父親のような存在になりました。最初会った時からパウロはテモテのヒーロー、そして今も変わりません。でもお母さん、テモテがパウロを慕う以上にパウロもまた、テモテに心を許しているように思います。手紙にも書いてありましたが、パウロは友人たちに見捨てらたことがあるって知っていますか？　その友人の中にはパウロを傷つけた人もいます。テモテに友人たちのことを話題にする時、まだ愛情深く話し、懐かしく思っているようです。パウロは意味のない言い争いをするような人ではありませんから。

さあテモテの訪問旅行のために準備しなくては。そして彼をローマへと笑顔で送り出しましょう。エフェソの教会がテモテなしでもやっていけるといいですが……。パウロによると、テモテの訪問は今回で最後になるかもしれません。この手紙にはある種の悲しみを帯びています。若いテモテはきっと彼の役に立つでしょう。パウロだって私たちと同じ人間なのですから。

お母さん、お疲れでしょう。縫い物の手を止めて、長椅子で少し休まれたらいかが？パウロの手紙を読んで聞かせてあげましょう。さあ聴いて、元気になってください。テモテが一、二週間したら我が家に戻り、この手紙を次の教会へ持って行くのです。私たちは手紙の内容をできるだけ記憶に収めておくべきです。パウロの手紙はヘブライ語の聖典と同じくらい貴重なものと思います。それは永久に読み継がれるでしょう。人々は律法、預言がどのようにしてキリストにあって成就したかを知ることになります。この手紙のおかげで福音が私たちの古代の礼拝のあり方に、祝祭にどのように関係しているかを示し、すべてが明らかになりました。過越の祭り、司祭、契約、幕屋、犠牲の小羊、すべてがキリストを指し示す。これがわからない人がいるのでしょうか！

信仰と希望さえあればわかるはずです。私たち人間の頭では理解できません。それはまさに奥義。でもなんという祝福でしょう。テモテがユダヤ人にもギリシャ人にもすべての人に救いをもたらすその素晴らしいメッセージを説教するために召されたなんて感謝に尽きます。

イエスは言われた。「わたしについてモーセの律法と預言者の書と詩編に書いてある事柄は、必ずすべて実現する。これこそ、まだあなたがたと一緒にいたころ、言っておいたことである。」そしてイエスは、聖書を悟らせるために彼らの心の目を開いて、言われた。「次のように書いてある。『メシアは苦しみを受け、三日目に死者の中から復活する。また、罪の赦しを得させる悔い改めが、その名によってあらゆる国の人々に宣べ伝えられる』と。エルサレムから始めて、あなたがたはこれらのことの証人となる。わたしは、父が約束されたものをあなたがたに送る。高い所からの力に覆われるまでは、都にとどまっていなさい。」イエスは、そこから彼らをベタニアの辺りまで連れて行き、手を上げて祝福された。そして、祝福しながら彼らを離れ、天に上げられた。彼らはイエスを伏し拝んだ後、大喜びでエルサレムに帰り、絶えず神殿の境内にいて、神をほめたたえていた。（ルカ24・44～53）

聖書の箇所：使徒言行録16・1～5、テモテへの手紙一、二

40 選ばれた婦人って誰ですか？

無名の女性のモノローグ

ええ、私にその手紙が送られてきたのは本当です。でも私が選ばれた者だなんてヨハネは考えていなかったと思います。ヨハネが誰のことを意味していたのかを知るのは無理です。多分私たちの教会宛でしょうか。それなら教会にいる女性たち全員のことです。すべての時代の女性たちのことかもしれません。

大切なことはこの貴重な一枚の巻物に書かれたその内容です。彼のメッセージは歴史に名を残すものです。私たちがそのメッセージに耳を傾け、心に留める必要があります。特に真理が偽りの教えに脅かされているこのような時代に。

ヨハネは柔和で円熟した立派な老紳士になられました！　若い時に雷の子と呼ばれてい

たなんて信じがたい。彼は自分の考えを恐れずに率直に話すことができる人です。
ヨハネは愛弟子としても知られていました。イエスが彼を他の人たちより特別に愛したのではなく、ヨハネ自身がイエスを知っている人たちの中で誰よりも受肉の意味をよく理解していたからです。二人は自然に打ち解けあいました。ヨハネは神は霊であり、無限であり、永遠であると感じ取っていました。イエスが愛の受肉であり、「愛」を最大限に生きた唯一の人であると気づいていました。ヨハネがその真理を私たちに刻み込み、守りなさいと奮い立たせます。私のヘブライ語の背景から見ると、知は信仰より優れているというギリシャの思想には賛成できません。私はこの両方が必要だと思います。

さあこの手紙を一緒に読んで、話し合いましょう。

長老のわたしから、選ばれた婦人とその子たちへ。わたしは、あなたがたを真に愛しています。わたしばかりでなく、真理を知っている人はすべて、あなたがたを愛しています。それは、いつもわたしたちの内にある真理によることで、真理は永遠にわたしたちと共にあります。父である神と、その父の御子イエス・キリストからの恵みと憐れみと平和は、真理と愛のうちにわたしたちと共にあります。あなたの子供たちの中に、わたしたちが御父から受けた掟どおりに、真理に歩んでいる人がいるのを知って、大変うれしく思いました。さて、婦人よ、あなたにお願いしたいことがあります。わたしが書くのは新しい掟ではなく、初めからわたしたちが持っていた掟、つまり互いに愛し合うということです。愛とは、御父の掟に従って歩むことであり、この掟とは、あなたがたが初めから聞いていたように、愛に歩むことです。このように書くのは、人を惑わす者が大勢世に出て来たからです。彼らは、イエス・キリストが肉となって来られたことを公に言い表そうとしません。こういう者は人を惑わす者、反キリストです。気をつけて、わたしたちが努力して得たものを失うことなく、豊かな報いを受けるようにしなさい。だれであろうと、キリストの教えを越えて、これにとどまらない者は、神に結ばれていません。その教えにとどまっている人にこそ、御父も御子もおられます。この教えを携えずにあなたがたのところに来る者は、家に入れてはなりません。挨拶してもなりません。そのような者に挨拶する人は、その悪い行いに加わるのです。あなたがたに書くことはまだいろいろありますが、紙とインクで書こうとは思いません。わたしたちの喜びが満ちあふれるように、あなたがたのところに行って親しく話し合いたいものです。あなたの姉妹、選ばれた婦人の子供たちが、あなたによろしくと言っています。（二ヨハネ1～13）

ヨハネは私たちが自分を愛するようにお互いも愛し合うべきと強調していることに注目してください。彼の第一の手紙にこのような宣言が記されています。

世の富を持ちながら、兄弟が必要な物に事欠くのを見て同情しない者があれば、どうして神の愛がそのような者の内にとどまるでしょう。子たちよ、言葉や口先だけではなく、行いをもって誠実に愛し合おう。（一ヨハネ3・17～18）

「神を愛している」と言いながら兄弟を憎む者がいれば、それは偽り者です。目に見える兄弟を愛さない者は、目に見えない神を愛することができません。神を愛する人は、兄弟をも愛すべきです。これが、神から受けた掟です。（一ヨハネ4・20～21）

これらの手紙がこのような小さな教会で愛を実践するために役立つことを願っています。

未信者の人たちもキリストが私たちにしてくださったことを目撃するはずです。この真理が広まり、人々に受け入れられたらどんな素晴らしい世界になることでしょう。

イエス様が最後のメッセージを語られた時、言いたかったことはこのみ言葉です。

だから、あなたがたは行って、すべての民をわたしの弟子にしなさい。彼らに父と子と聖霊の名によって洗礼を授け、あなたがたに命じておいたことをすべて守るように教えなさい。わたしは世の終わりまで、いつもあなたがたと共にいる。（マタイ28・19～20）

兄弟パウロはこの偉大な任務をやり遂げました。もしペトロやパウロがいなかったらいったいどうなっていたでしょう。彼らが教えてくれたからこそたくさんの小さな教会が生まれました。

ヨハネがこの手紙を書いたの喜ばしいことです。短いけど、私たち女が重要であり、この真理を守るために助け合い、子供たちに伝えていく使命があることを気づかせてくれました。私の両親がヘブライ人としての遺産を私に残してくれたことを心からありがたく思います。両親が私に植え付けた信仰があったからこそ多くの異邦人の間にいても自分を見失うことはありませんでした。その信仰が私をより深い真理へと準備してくれました。もちろん、それはイエス様によって成就されたのです。

『ヘブライ人への手紙』は私のために書かれたのではと思うことがあります。数多くの証人のことを語っている聖書の箇所を聞くと、両親のことを想い、私の心を思い出の宝で満たしてくれることに感謝します。彼らが実際にその書簡を持っていたかどうかは定かではありませんが、手紙にある証人たちの名前をすべて覚えていました。父の声が響き渡るのが聞こえてきます。その声は安息日の食事の後、偉大な信仰の男たち、アブラハム、イサク、ヤコブ、ヨセフ、モーセ、ギデオン、サムソン、ダビデ、サムエル、そして預言者たちの名前を堂々と読み上げました。父はその偉大な証人たちがまるで同じ時代を生きているかのように知っていました。父は大勢の証人たちに囲まれていたのです。

過去、そして現在の女性たちのことを考えてみましょう。さあ、自分にとって何か特別な意味のある女性の物語を皆で話し合ってみましょう。ヘブライ人への手紙に記されているのはほとんどが男性でした。ヨハネなら、もっと女性のことを記していたような気がします。

数えたことはないけど、聖書には一〇〇人以上の女性の名前が登場しています。加えて誰かの妻、母親、側女という立場でしか記載されていない女性も多くいました。イエス様はさまざまな背景を持つ女性たちに真理を明らかにしてくださいました。なんというありがたいことでしょう！　イエス様は世間で言うところの立派な女性を選んだのではなくイエス様を心から必要としていた女性たちを見つけ出して、ご自分を顕してくださいました。旧約聖書についても同じことが言えます。驚くような信仰と勇気を持っていた女性がいます。ミリアムのことを考えてみてください。彼女の勇気がなければ当時の人々はどうなっていたでしょう。彼女が選ばれた女性であることは確かです。

大変な間違いを犯した女性、判断を誤った女性もいます。しかし神は人間の欠点や罪さえも用いて永遠の目的のために働かれます。

サラのことをよく考えます。サラは神の約束が成就するのを待っていられませんでした。自分でアブラハムにハガルをあてがったくせに、ハガルがイシュマエルを産んだので、嫉妬に狂いました。このことが原因でハガル、サラ、そしてアブラハムにも不幸がもたらされた。サラのその時の決断が何をもたらしたか、アブラハム家の人々の間に敵意が生まれました。神のみが最終の解決を知っておられ……最後には人類の究極の目的へと紡がれていく。

そういうものです。私たちが何を語り、何を行うかというのは気づいている以上に大きな影響をもたらすのですから、私たち女性も存在意義があるのです。

迫害、偽教師、国外追放、亡命、ローマの悲惨な状況といったこの時代の危険を考える時、神への信頼だけが私をこの苦境から切り抜けさせてくれます。ヨハネがこれからどんな目に遭うのか心配です。

ヨハネは福音と書簡を私たちに遺しています。私たちのこの狭い世界を遥かに超えて私たちの生き方に新しい次元を与えてくれます。それはなんと慰めでしょう。

神の永遠性、時間を超えた目的、神の無限の愛は私たち人間の心や想像の尺度では測れません。神への信仰により私たちは安心して暮らすことができます。平凡な日々の務めと見えるかもしれませんが、それには意味があることを知っています。

ヨハネの書簡を通して私たち女には運命が与えられていることに気づきます。それは私たちが神に選ばれ、女としての最高の役割である人を愛すること、この地上で置かれたところがどこであれこの真理の証人になることです。

私たち全員にとって、キリストは道であり、真理であり、命です！ そしてイエスは解き明かしました。「神は霊である。だから、神を礼拝する者は、霊と真理をもって礼拝しなければならない」（ヨハネ４・24）。

聖書箇所：ヘブライ人への手紙11、12・１～２、ヨハネの手紙一、二、三

訳者あとがき

本著は一九五八年、アメリカの Abingdon press 社から出版されました。今日とは比較にならないくらい当時のアメリカが男性優位社会であったことを省みると、女性の視点で聖書の登場人物の心の内側を吐露するという本を執筆することは非常に革新的な行動だったと想像します。六〇年以上も前に執筆されたものですが、古さよりも新しい息吹を感じさせてくれました。登場人物が一人の人間として生きた証が訳者に迫ってきて、現代の女性にも通じるさまざまな感情、喜び、悲しみ、苦しみ、嫉妬、優越感、劣等感などが心に届いてきました。

本著の登場人物は聖書的に名誉な女性だけではなく、奴隷、遊女、口寄せの女、悪魔のような女王等、暗闇を抱えた女性たちの生き様を取り上げているところに面白みがあります。聖書を基に各人物を描いていますが、洞察力と創造力で独自の描写を試みています。母として、妻として、一人の女性、人間としての心の動きを巧みに表現しています。著者は生涯を通して心から神を愛し、聖書を深く読み、理解に努力を重ねました。だからこそ、登場人物の光と影を映し出し、否定的な面をも正面切って語ることができたと思います。

アメリカでは一九五〇年代後半に公民権運動、一九六〇年代にフェミニズム運動が起こりました。訳者は一九七〇年代後半アメリカ、カリフォルニアでの留学生時代、フェミニズム運動に影響され、大学で女性学（women's study）のクラスをいくつか受講しました。その学びを通してジェンダー意識が高まり、フェミニスト視点から物事を見ることの重要性を認識しました。――本書の中で、人種問題、女性の権利（相続）などを取り上げているところを見ると、著者が人権意識が高く、来る時代の波を感じ取っていたように思われ、彼女の意識の高さに敬意を表します。

本書は聖書の知識があることが前提なので、各章の聖書箇所を読んでおく、または同時進行で読むと理解が深まり、喜びが増します。

聖書研究の材料として活用するといつもと異なる次元から聖書の登場人物を考察、理解するのに役立つと思います。著者はこれらのモノローグを当時のコスチューム姿でドラマチックに物語る――ひとり芝居あるいは朗読劇のような形式で表現することを奨励しました。本書の付録にコスチュームなどの助言が四ページに渡って書かれていますが、今日ではネットで情報が得られるので、割愛しました。

旧約、新約の時代の女性たちがどのような言葉使い、語調が適切なのか、その人間性、感情、想いが伝わるのか、思い巡らしました。いろいろ調べましたが、特に旧約時代の女性たちの資料はほとんど残っていないので、難題でした。

訳すために、登場人物を深く考察する機会を得て、四〇人の女性たちの生き様を存分に味わうことができたことは神の恵みであり、感謝に尽きます。

著者は夫の祖母にあたります。二〇〇六年の夏カリフォルニアで洗礼を受けた際、義父から本書を贈られました。あまり関心がなく長い間本棚に埋もれていましたが、数年前手に取り、読み始めたところ、登場人物が私の中で息をし始めました。描かれた女性たちの生き様を通して日本人に聖書の人物をより身近に感じてほしいと願い、翻訳出版を目指しました。

教友社の阿部川直樹さんには出版に向けての準備、校正などのご指導、お力添えをいただき感謝申し上げます。また、ホープチャペルの吉田泰貴牧師は素敵な表紙のイラストを描いてくださり、感謝の気持ちをお伝えしたいです。
最後に、この訳を完成するには夫と息子の協力が不可欠でした。原文の理解、聖書の知識などの助言に心から感謝します。

二〇二四年八月一〇日

ネルソン橋本桂子

MARK BIBLE DATE WITH TEA AND LECTURE

新聞記事より　地方新聞社 Valley Pioneer Danville 1952年9月15日

「聖書の学び　お茶会と講演会の招き」

グルテンバーグ聖書印刷の500年を記念し、9月30日午後2時にBall宅でお茶会と講演会が開催されます。ゲストスピーカーとしてMrs. Thomas L. Nelsonを招きます。長年の間、専門家が調査を重ね、議論を深め、新しくNRV聖書が出版されたので、改訂箇所などについて講演されます。Mrs. Nelsonは著名な聖書研究家で、10月には「文学としての聖書」をテーマに8週間コースを担当します。

ヘーゼル・マッカーディ・ネルソン（Hazel M. Nelson）

1892年、California、Eureka生まれ。熱心な長老派クリスチャン家庭で育つ。高卒後、教員養成大学へ進学し教師の資格取得。University of California, Berkley哲学科卒業。1917年Thomas L. Nelsonと結婚。1919年から4年間夫婦で長老派の教育宣教師として南米のColumbia、American Collegeで勤務。

CFWC（カリフォルニア婦人連盟）聖書部門委員長の役割を担い、聖書研究の講師としてカリフォルニア各地の教会や団体で講演活動に従事。聖書教育の一環として聖書に登場する女性たちの生き様をモノローグ形式で創作、1958年に本書を編纂し出版。長年、長老派教会にて奏楽者として奉仕。1975年天に召される。著者の弟は世界的に有名なオルガニストAlexander McCurdy。

訳者　ネルソン橋本桂子

1952年愛媛県生まれ。アメリカカリフォルニア州yuba collegeAA取得、国際基督教大学編入、言語学専攻卒業。

留学カウンセラー歴23年間（1980年〜）。さをり織歴20年。2006年受洗。奈良県在住。

翻訳『英語類義語情報辞典』（大修館書店、共訳）、ペギー・ファベイ著『キリストにある勝利の日々』（日本ミッション出版、非売品）。

カバーイラスト　吉田泰貴

心の内を語る聖書の女性たち　女性たちのモノローグ

発行日………2024年10月10日　初版

著　者………ヘーゼル・マッカーディ・ネルソン
訳　者………ネルソン橋本桂子
発行者………阿部川直樹
発行所………有限会社 教友社
275-0017 千葉県習志野市藤崎6-15-14
TEL047 (403) 4818　FAX047 (403) 4819
URL http://www.kyoyusha.com
印刷所………モリモト印刷株式会社

ISBN978-4-911258-06-4　C3016